QUE SAIS-JE ?

Les marchés financiers internationaux

(Le marché international des capitaux)

PATRICE FONTAINE
Professeur des Universités, CERAG/ESA,
Université Pierre-Mendès-France (Grenoble)

JOANNE HAMET
Maître de conférences, IRG, Université Paris XII

ISBN 2 13 053159 8

Dépôt légal — 1re édition : 2003, janvier

INTRODUCTION GÉNÉRALE

Les opérations financières nationales sont définies par la banque des règlements internationaux (BRI), comme toutes les activités financières réalisées par une entreprise ou tout autre agent économique sur son marché local ou dans son pays et dans sa monnaie (nationale ou locale).

Les opérations financières internationales sont les autres opérations :

- les opérations étrangères classiques qui se traduisent par des transactions en monnaie nationale avec des non-résidents dans leur monnaie nationale ;
- les opérations en euro-devises ou devises externes qui se traduisent par des transactions en devises (monnaie étrangère) avec des résidents ou des non-résidents.

L'instauration de réglementations nationales limitant l'octroi de crédits à des non-résidents ainsi que des besoins trop importants pour pouvoir être satisfaits sur des marchés nationaux furent à l'origine des opérations en euro-devises. Mais de nombreux facteurs renforcèrent également le poids des marchés internationaux et entraînèrent des modifications de leur composition.

Par exemple, la part des crédits bancaires dans les financements internationaux a fortement décru au profit des émissions de titres jusqu'en 1993, ce que nous pouvons constater en examinant le tableau I. En effet, de nombreuses entreprises ont préféré s'adresser directement aux détenteurs de capitaux, et afin d'intéresser plus d'investisseurs, elles ont émis des titres à faible montant nominal. Les crédits internationaux se sont redressés spectaculairement en 1994 et 1995, principalement pour financer les nombreuses fusions-acquisitions au cours de cette période. En 1998, les crises sur les marchés asiatiques et émergents les ont fortement affectés mais depuis, ils ont recouvré leur importance.

Par ailleurs, l'arbitrage entre les marchés financiers dans le monde entraîne des mouvements de capitaux importants. Ainsi, des milliards de dollars se déplacent pour profiter d'un arbitrage d'un huitième de pour cent sur les taux d'intérêt. Les mouvements de capitaux sont tels qu'il n'est plus possible à un État, et même à l'ensemble des États industrialisés, de les contrôler. Les marchés financiers internationaux échappent à toute réglementation étatique, et pour que les marchés nationaux ne soient pas en retard, la plupart des États ont procédé à leur déréglementation ; ce qui permet entre autres que les taux d'intérêt et de change reflètent le mieux possible les conditions économiques et les anticipations des agents économiques.

Enfin, le développement de l'incertitude, ces dernières années, a été à la source de nombreuses innovations, permettant de couvrir en particulier les risques de non-remboursement de pays en voie de développement, les risques de taux d'intérêt et de change.

Cette vague d'innovations, de déréglementations, de désintermédiation, de fusions-acquisitions a eu pour résultat de bouleverser en profondeur la géographie financière mondiale. Auparavant, nous pouvions observer une juxtaposition de marchés financiers et monétaires nationaux cloisonnés auxquels se superposait l'euro-marché, le lien entre ces différents compartiments s'opérant grâce au marché des changes et sous le contrôle des banques centrales. Aujourd'hui, le système financier est intégré à l'échelle mondiale ; nous sommes pratiquement face à un vaste et unique marché international des capitaux.

Les différentes possibilités de financement sur les marchés internationaux sont exposés sur la figure 1.

Les marchés internationaux de capitaux peuvent se décomposer en trois parties :

– Le marché des euro-devises, partie supérieure de la figure 1. Il regroupe les dépôts en euro-devises et les euro-crédits accordés à partir de ceux-ci. Les dépôts en euro-devises sont normalement définis comme des dépôts en devises dans une banque située à l'extérieur du pays d'émission de la devise considérée. D'une façon plus générale, compte tenu par

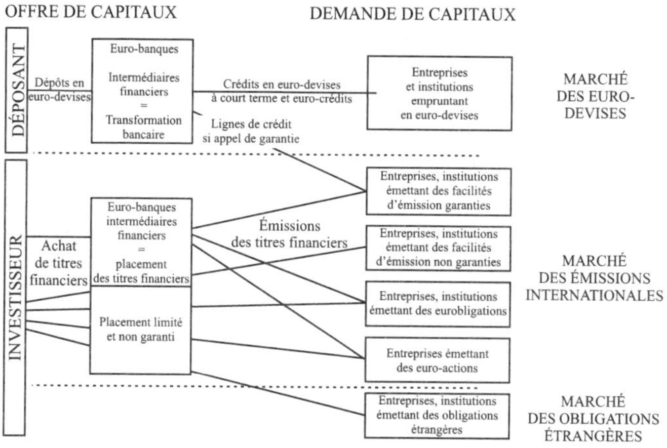

Fig. 1. – Présentation générale des emplois et des ressources sur les marchés financiers internationaux

exemple des possibilités de dépôts en dollars non réglementés par des non-résidents américains auprès de banques installées aux États-Unis, un dépôt en euro-devises est défini comme un dépôt en devises non soumis aux réglementations nationales, effectué par un non-résident du pays d'émission de la devise considérée.

Le marché des euro-devises est constitué par les échanges entre les banques, appelées euro-banques, qui acceptent les dépôts en eurodevises et accordent des crédits en euro-devises. En règle générale, le terme « marché des euro-devises » ou « marché euro-monétaire » est utilisé pour les prêts et emprunts à court terme (euro-crédits et euro-dépôts à moins d'un an).

Pour les euro-crédits à plus d'un an et de taille conséquente, le terme « marché des euro-crédits » est plus couramment utilisé. Il recouvre les prêts en euro-devises, accordés par un groupement de banques, plus communément désigné sous le terme de syndicat de banques. Les euro-crédits ont généralement un caractère financier et sont donc à distinguer des prêts de nature commerciale (financement d'exportations...).

– Le marché international des émissions, partie médiane de la figure 1, qui peut se décomposer lui-même en trois parties :

- le marché des facilités d'émissions garanties ou non garanties (programme d'émission à court, moyen et long terme de papier commercial ou de billets de trésorerie « notes »). Ce marché mélange des caractéristiques des marchés euro-monétaires, des euro-crédits et des euro-obligations ;
- le marché des euro-obligations qui regroupe les obligations émises contre euro-devises. L'émission d'euro-obligations (euro-émission) est montée et placée par un syndicat de banques le plus souvent multinational. Les euro-émissions alimentent un vaste marché secondaire d'euro-obligations ;
- le marché des euro-actions. Ce sont des actions placées par des syndicats internationaux de banques, dont l'achat est financé par des euro-devises.

Dans ce contexte, les euro-banques n'ont pas de rôle de transformation, mais uniquement un rôle d'intermédiaire pour le placement des titres. Elles peuvent être amenées à accorder des euro-crédits dans le cas des facilités d'émission garanties. Elles peuvent ne pas apparaître du tout lorsque les émetteurs vendent directement leurs titres aux souscripteurs. Cependant, en règle générale, les euro-banques jouent un rôle important en plaçant ces euro-émissions auprès des investisseurs finaux ; dans certains cas comme pour les facilités d'émission garanties, elles peuvent octroyer un crédit.

– Le marché des obligations étrangères, partie inférieure de la figure 1. Une obligation étrangère est une obligation émise sur une place financière par une entreprise ou une institution non résidente, libellée dans la monnaie de la place financière. Au sens strict, l'émission et le placement se font sur un marché national et non plus sur le marché international. Le caractère international est lié au fait que normalement dans ce type d'émission, l'émetteur et le souscripteur n'ont pas la même nationalité. Les euro-banques n'ont pas dans ce contexte de rôle particulier.

Les inter-relations entre les différents compartiments des euro-marchés amènent à les désigner unitairement par l'expression « marché des euro-capitaux ».

Le tableau I donne une idée du montant respectif de ces différentes sources de financement. Les crédits internationaux nets et les émissions nettes d'obligations et d'euro-effets à moyen terme en constituent la plus grande partie, au moins les deux tiers en moyenne. Si les émissions d'obligations et d'euro-effets sont certainement la plus grande source de financement internationale, les crédits internationaux ont depuis quelques années retrouvé un poids conséquent grâce en particulier à la rapidité de leur mise en place et à leur intérêt sur le plan de la confidentialité dans le cas d'opérations de fusions-acquisitions. Les émissions d'actions internationales qui étaient négligeables, il y a encore une dizaine d'années, représentent maintenant des volumes conséquents et témoignent de la mondialisation des entreprises. Les marchés d'euro-papier commercial et d'autres instruments sur le marché monétaire ont représenté des montants importants en 1999 et 2000 ; leur baisse, et plus précisément les remboursements massifs de ce type d'emprunts en 2001, reflète en fait leur flexibilité et leur adaptation au contexte, en l'occurrence des faibles taux d'intérêt à court terme et un détournement des emprunteurs de ces produits vers les financements à long terme.

Sur les vingt dernières années, les marchés financiers internationaux se sont considérablement développés. Ainsi, les montants empruntés sur les marchés internationaux des capitaux n'ont pas cessé de croître, ils ont été multiplié par quatre depuis 1992, et représentent 1 586 milliards de dollars en 2001 après un pic de 2 078 milliards de dollars en 2000.

La distinction entre marchés financiers nationaux et marchés financiers internationaux est à présent fictive. Cependant, malgré cette précision, nous ne traitons pas de l'ensemble des marchés financiers existant dans le monde mais plus spécifiquement du marché international des capitaux, c'est-à-dire des marchés d'actifs financiers liés à des opérations financières qui dépassent le cadre d'un État, en l'occurrence, les euromarchés, les émissions d'obligations étrangères réalisées sur les marchés nationaux et les crédits bancaires classiques faits à l'étranger. Ces derniers ne sont pas présentés dans cet ouvrage car ils n'ont aucune caractéristique spécifique par rapport aux crédits traditionnellement accordés par les banques.

De même, les marchés des changes ne sont pas décrits dans cet ouvrage. En effet, les marchés des changes ne sont pas, par définition, des marchés financiers car sur ces derniers, on prête et emprunte de l'argent tandis que sur les marchés des changes, on échange des devises. Ils ne sont, cependant, pas sans influence sur les marchés financiers internationaux car une des principales variables influençant ces marchés est le prix du dollar. En effet, environ 50 % des financements internationaux sont libellés en dollars.

Les premier et deuxième chapitres sont consacrés aux marchés financiers internationaux traditionnels : le marché des euro-devises et des euro-crédits, le marché des obligations internationales composé des euro-obligations et des obligations étrangères.

Dans le troisième chapitre, sont examinés les marchés plus récents tels que les marchés des facilités d'émission (euro-note et euro-papier commercial) qui lient les marchés des euro-crédits et des euro-obligations, et les marchés des euro-actions.

Dans le dernier chapitre, nous présentons les instruments financiers dérivés qui accompagnent souvent les différentes sources de financement internationales. Citons à titre d'exemples, les options, les swaps, les contrats financiers à terme qui donnent de nouvelles possibilités de couverture des risques de change et de taux d'intérêt. Si pour la plupart, ils ne constituent pas un moyen de financement international, ils sont néanmoins des compléments de plus en plus indispensables aux transactions sur les marchés financiers internationaux et c'est à ce titre qu'ils sont présentés dans cet ouvrage. Pour étayer ceci, nous analysons les utilisations possibles de ces instruments financiers dans ce contexte.

Tableau I. – **Financements sur les marchés internationaux de capitaux** (en milliards de dollars)

Instruments	*1983*	*1984*	*1985*	*1986*	*1987*	*1988*	*1989*	*1990*	*1991*	*1992*
A) Actions internationales	1,7	1,9	4,6	14	23,4	10,8	17,7	14,7	24,5	25,7
Crédits internationaux bruts	105,7	152,2	295,5	657,2	764,8	510,9	815,4	744,9	– 109,4	145,7
Moins dépôts interbancaires	20,7	62,2	190,5	452,2	444,8	250,9	525,4	314,8	– 294,4	– 19,4
B) Crédits internationaux nets	85	90	105	205	320	260	290	430	185	165,1
Émissions d'obligations internationales	75	109,4	164,4	222,9	175,6	228,2	266	248,5	299,5	334,7
Programmes d'émissions de notes à moyen terme (EMTN)	0	0	0	1,7	8	12,6	15,5	16	34,9	33,9
Total brut	75	109,4	164,4	224,6	183,6	240,8	281,5	264,5	334,4	368,6
Moins amortissements et rachats	15,8	24,6	38,9	63,2	72,6	82,5	89,7	108,8	150	223,8
C) Oblig. + euro effets nets	59,7	84,8	123	159,4	115,9	151,7	190,3	147	212,9	137,7
D) Euro-papier commercial + autres instruments sur le marché monétaire	0	5	10	11,7	15,4	7,3	– 7,5	17	– 8,3	12,1
Total = A + B + C + D	146,4	181,7	242,6	390,1	474,7	429,8	490,5	608,7	414,1	340,5

Instruments	*1993*	*1994*	*1995*	*1996*	*1997*	*1998*	*1999*	*2000*	*2001*
A) Actions internationales	44,6	63,1	54,4	81,6	119,2	125,5	215,4	316,7	148,0
Crédits internationaux bruts	315,5	275,1	644,1	604,1	1 195,5	386,6	276,1	1 189,4	850,9
Moins dépôts interbancaires	115,5	85,1	314,1	184,1	730,5	276,6	– 221,5	669,9	340,0
B) Crédits internationaux nets	200	190	330	420	465	110	507,6	519,5	510,9
Émissions d'obligations internationales	432,4	373,6	358,3	569	1 002,6	1 118,7	1 628,2	1 707,8	2 027,9
Programmes d'émissions de notes à moyen terme (EMTN)	95,7	118,9	172,4	290	Inc	Inc	Inc	Inc	Inc
Total brut	528,1	492,5	530,7	859	1 002,6	1 118,7	1 628,2	1 707,8	2 027,9
Moins amortissements et rachats	307	228,4	239,6	294,2	459,9	468,8	527,1	618,1	872,9
C) Oblig. + euro effets nets	195,2	253,3	267,6	565,4	545,8	649,9	1 101,1	1 089,7	1 155,0
D) Euro-papier commercial + autres instruments sur le marché monétaire	– 6,3	3,3	17,4	41,1	19,8	9,8	135,6	152,1	– 79,3
Total = A + B + C + D	433,4	508,3	669,3	1 109,1	1 148,6	913,4	1 959,7	2 078	1734,6

Inc : depuis 1997, les euro-notes à moyen terme sont incluses dans les euro-obligations.
Les tableaux sont actualisés chaque année en juillet, voir http://www.international-financial-markets.org

Sources : OCDE (Paris) et BRI (Bâle). Nous remercions MM. Thomas Jan et Denis Pêtre de la BRI pour les informations fournies.

Chapitre I

LE MARCHÉ DES DEVISES EXTERNES (EURO-DEVISES) ET LES CRÉDITS INTERNATIONAUX

Le marché des euro-devises comprend l'ensemble des dépôts et crédits en euro-devises. Deux parties peuvent être distinguées :

- le marché des prêts et emprunts à court terme (dix-huit mois au plus), appelé marché euro-monétaire, parmi lesquels figurent les émissions de papier à court terme. Ces derniers seront traités ultérieurement dans la partie consacrée aux nouveaux marchés ;
- le marché des crédits externes (euro-crédits) à plus de dix-huit mois.

Les crédits internationaux intègrent les crédits étrangers et les euro-crédits. L'usage réserve l'appellation « euro-crédits » aux crédits à plus de dix-huit mois à l'origine. Les euro-crédits ont généralement un caractère financier et sont donc à distinguer des prêts de nature commerciale (financement d'exportations...).

En fait, quel que soit le terme considéré, les euro-crédits sont financés par des dépôts en euro-devises. Normalement, lorsqu'on parle de marché des euro-devises, seuls sont considérés les dépôts en euro-devises et les crédits à court terme en euro-devises ; les émissions de papier commercial n'étant pas prises en compte.

En conséquence, nous présentons successivement le marché des euro-devises et les euro-crédits à plus de dix-huit mois.

I. – Le marché des devises externes (euro-devises)

Par définition, une devise externe (euro-devise) est une monnaie enregistrée dans les comptes d'une banque, établie hors de son pays d'émission. Quel est l'intérêt de ce type d'opération et surtout quelles en sont les origines ? La réponse à cette question constitue l'objet de notre première partie.

Nous examinons ensuite les caractéristiques de ce marché et le principe d'une opération sur le marché des euro-devises. En dernier lieu, nous explicitons la détermination du taux d'intérêt sur le marché des euro-devises ; ce dernier étant le taux de référence sur les marchés internationaux des capitaux.

1. **L'origine du marché des euro-devises.** – L'origine du marché des euro-devises et plus généralement des euro-marchés est attribuée à la crainte des banques soviétiques dans les années 1950 de voir leurs avoirs en dollars gelés à cause de la guerre froide entre l'URSS et les États-Unis. Ainsi, elles décidèrent de rapatrier leurs dollars auprès de deux banques en Europe : la Moscow Narodny Bank à Londres et la Banque Commerciale pour l'Europe du Nord à Paris. L'adresse télégraphique de cette dernière étant eurobank, ces dépôts bancaires furent appelés « euro-devises » et plus particulièrement dans ce cas « euro-dollars ».

Le développement de ce nouveau marché fut renforcé par l'apparition de nouvelles mesures dont :

- les restrictions imposées par les autorités britanniques en 1957 sur l'octroi par les banques britanniques de crédits en livres sterling aux non-résidents. Ceci obligea ces banques à faire des crédits en dollars et donc à avoir des dépôts en dollars, ce qui développa encore plus le marché des euro-dollars ;
- le retour à la convertibilité des principales monnaies en 1958, qui devait se traduire par une élimination progressive des restrictions imposées aux transactions courantes et aux opérations en capital, ce qui a permis une plus grande intégration des marchés financiers et par là même, des prêts

et des emprunts en monnaies autres que la monnaie nationale ;

- la réglementation Q aux États-Unis en 1960 qui instituait un plafonnement des taux d'intérêt pratiqués par les banques sur les dépôts à terme et interdisait la rémunération des dépôts à vue. Ceci limitait le financement des banques américaines. Elles s'endettèrent alors sur le marché des euro-dollars auprès de leurs filiales et succursales qui n'avait pas de contraintes sur les rémunérations des dépôts.

Ces raisons et d'autres, telle que l'abondance de liquidités détenues par les pays producteurs de pétrole, ont permis au marché des euro-devises de se développer rapidement, et ceci sur d'autres places que Londres et avec d'autres monnaies que le dollar.

En fait, la terminologie « Xéno-devise » ou « devise externe » est plus adaptée pour désigner le marché des euro-devises. Nous pouvons aussi citer les appellations plus restrictives telles que « pétro-dollar » et « asia-dollar » ; la première désignant les dollars injectés dans le circuit des euro-dollars par les pays exportateurs de pétrole et la deuxième, les dollars détenus dans la zone asiatique.

Le principal intérêt d'un marché d'euro-devises est que ce dernier échappe à toutes les contraintes gouvernementales. En conséquence, les taux d'intérêt qui s'établissent sur le marché des euro-devises résultent de la confrontation de l'offre et de la demande d'euro-devises. Si le marché d'une euro-devise est fermé aux résidents du pays d'émission de la devise, il peut donc y avoir une différence entre les taux d'intérêt existant sur le marché de l'euro-devise et sur le marché national de cette devise car les possibilités d'arbitrage sont alors limitées.

2. **Le principe d'un dépôt en euro-devises.** – La création d'un dépôt en euro-dollars peut être illustrée en utilisant une série de comptes en T pour mettre en évidence les mouvements de dollars vers et à travers le marché des euro-dollars.

Prenons l'exemple de l'entreprise française Michelin qui vend des pneumatiques à la société Ford aux États-Unis pour un montant d'un million de dollars. Michelin reçoit un chèque d'un million de dollars tirable sur la Citibank à New York.

Initialement, ce dépôt à vue sert à financer les activités courantes de Michelin aux États-Unis. Cette opération est représentée de la manière suivante :

Citibank (NY)
Banque de New York

	Dépôt à vue Michelin : + 1 MUSD

Michelin

Dépôt à vue auprès de Citibank : + 1 MUSD	

Fig. 2. – Modifications des bilans de Citibank et de Michelin

Afin d'obtenir une meilleure rémunération sur son dépôt, Michelin décide de transférer ce million de dollars à Londres et de faire un dépôt à terme auprès de la Barclays.

Cette transaction donne lieu aux enregistrements suivants :

Citibank (NY)
Banque de New York

	Dépôt à vue Michelin : - 1 MUSD Dépôt à vue Barclays : + 1 MUSD

Barclays

Dépôt à vue auprès de Citibank : + 1 MUSD	Dépôt à terme de Michelin : + 1 MUSD

Michelin

Dépôt à vue auprès de Citibank : - 1 MUSD Dépôt à terme auprès de Barclays : + 1 MUSD	

Fig. 3. – Modifications des bilans de Citibank et de Barclays

Un million d'euro-dollars a été créé en remplaçant des dollars détenus sur un compte à New York par des dollars détenus sur un compte à Londres. Notons qu'aucun dollar n'a quitté New York ; en revanche, la propriété de ces dollars est passée d'une entreprise étrangère à une banque étrangère.

Barclays peut laisser ces fonds sans rémunération à New York, mais le coût d'opportunité serait trop grand. Si elle ne peut pas les prêter immédiatement à un gouvernement ou une entreprise, elle peut les placer sur le marché interbancaire à Londres. Dans ce cas, cela suppose de trouver une autre banque active sur le marché de l'euro-dollar. Elle peut aussi décider de prêter ses fonds à une société anglaise, British Petroleum par exemple qui pourrait les déposer à la Citibank en attendant de les utiliser. Ce prêt serait enregistré de la manière suivante :

Citibank (NY)
Banque de New York

	Dépôt à vue Barclays : - 1 MUSD
	Dépôt à vue BP : + 1 MUSD

Barclays

Dépôt à vue auprès de Citibank : - 1 MUSD	
Prêt à BP : + 1 MUSD	

Michelin

Dépôt à vue auprès de Citibank : - 1 MUSD	Emprunt en eurodollars auprès de la Barclays : + 1 MUSD

Fig. 4. – Modifications des bilans de Citibank et de Barclays

Nous pouvons voir à partir de cet exemple que le marché des euro-devises implique une chaîne de dépôts et une chaîne d'emprunteurs et de prêteurs, non pas d'acheteurs et de vendeurs. On n'achète pas ou on ne vend pas des euro-devises. Normalement, un détenteur de dollars doit déposer ses dollars sur un compte à vue ou à terme auprès d'une banque américaine. De même, le détenteur d'euros doit les déposer auprès d'une banque de la zone euro. Tant que ces dollars et euros ne sont pas retirés, leur utilisation reste sous le contrôle des banques américaines et européennes et donc sous le contrôle des autorités monétaires américaines et européennes. Dès que les dépôts en dollars et en euros ne sont plus sous le contrôle des banques américaines et européennes, ils deviennent des dépôts en euro-devises.

Ces exemples montrent que les opérations en devises externes (euro-devises) diffèrent de la structure des opérations bancaires nationales selon deux aspects :

- il y a une chaîne de propriété entre le dépositaire initial et la banque finale ;
- il y a un changement de contrôle entre le moment du dépôt et l'utilisation de la somme d'argent.

Notons que malgré ces changements de contrôle et la chaîne de transactions, le montant total des dépôts en dollars à l'étranger reste le même. Sur le plan des dépôts et de l'allocation des fonds, le marché des euro-devises agit comme un autre marché sauf qu'il n'y a pas de régulations sur les prêts qui peuvent être faits et sur les taux d'intérêt servis. Cela signifie par exemple que si une banque aux États-Unis doit détenir des réserves lorsqu'elle prête de l'argent, cette obligation n'existe pas au sens strict sur le marché des euro-devises. Une euro-banque peut à partir d'un même montant déposé octroyer plus de prêts que si elle agissait sur son marché national. On dit que l'effet multiplicateur est plus grand.

En résumé, une euro-devise est donc une devise déposée auprès d'une euro-banque puis gérée par le système bancaire. Au terme de cette gestion, l'utilisation normale d'un euro-dépôt par une euro-banque est l'octroi d'un euro-crédit. Une euro-devise peut donc être un euro-crédit ou un euro-dépôt. Par conséquent, le marché des euro-devises est défini au plan statistique par les créances et engagements des euro-banques.

3. **Les caractéristiques.** – Le marché des euro-devises est un marché interbancaire sur lequel interviennent plusieurs centaines de banques. Par définition, c'est un marché *Offshore* échappant aux régulations domestiques, le principal centre *off-shore* est actuellement Londres.

Avec le formidable développement de ces dernières années, le marché des euro-devises a atteint fin 2001 une taille évaluée en montant brut à 11 482 milliards de dollars et en montant net à 5 012 milliards de dollars. La différence entre les montants brut et net correspond à l'ensemble des positions interbancaires.

Tableau II. – **Dimension du marché des euro-devises**
(en milliards de dollars US)

	1958	*1960*	*1962*	*1964*	*1966*	*1968*	*1970*
Dimension nette	1,5	3,5	5,3	9,0	14,5	30,0	57

	1972	*1974*	*1976*	*1977*	*1978*	*1979*	*1980*
Dimension brute	200	370	565	695	895	1 111	1 334
Dimension nette	105	215	310	380	535	665	810

	1981	*1982*	*1983*	*1984*	*1985*	*1986*	*1987*
Dimension brute	1 523	1 620	1 702	2 118	2 476	3 179	4 201
Dimension nette	940	1 020	1 085	1 265	1 480	1 770	2 220

	1988	*1989*	*1990*	*1991*	*1992*	*1993*	*1994*
Dimension brute	4 620	6 060	7 149	7 358	7 185	7 285	8 377
Dimension nette	2 390	2 640	3 350	3 609	3 660	3 780	4 240

	1995	*1996*	*1997*	*1998*	*1999*	*2000*	*2001*
Dimension brute	9 137	9 373	10 163	10 841,2	9 940,4	10 765,5	11 482,7
Dimension nette	4 645	5 015	5 285	5 485,0	4 126,8	4 521,7	5 012,1

Les tableaux sont actualisés chaque année en juillet, voir http://www.international-financial-markets.org

Source : Jusqu'en 1979, Gérard Békerman, *Les euro-dollars,* « Que sais-je ? », 1981. Depuis 1980, Banque des règlements internationaux. La dimension brute est mesurée par les engagements externes et la dimension nette est égale à la dimension brute diminuée des positions interbancaires.

Sur ce marché, le dollar est, et a toujours été la monnaie la plus importante comme le montre le tableau III, ce qui explique aussi l'utilisation du terme marché des euro-dollars pour désigner le marché des euro-devises. Les autres monnaies importantes sont respectivement l'euro et le franc suisse.

Environ 85 % des dépôts ont une échéance inférieure à six

mois. Parmi ces dépôts, la moitié ont une échéance inférieure à trois mois, et environ 15 % sont à vue.

Les dépôts à vue comme les dépôts à terme sont rémunérés.

Ces dépôts sont normalement faits par des investisseurs internationaux qui placent leurs liquidités excédentaires pendant quelques temps. Cependant, ces ressources ne sont pas stables, si l'on observe le terme. En effet, les dépôts avec des échéances supérieures à trois mois ne sont pas nombreux.

Aussi, pour élargir leur clientèle et surtout stabiliser leurs ressources, ont été émis pour la première fois en 1966 des certificats de dépôts par la First National Bank. Les certificats de dépôts en euro-devises sont des titres négociables correspondant à un dépôt en euro-devises, l'échéance et le taux d'intérêt étant déterminés lors de l'émission.

Deux types de certificats de dépôts existent :

- les premiers appelés certificats par lot ou « au robinet » (*on tap,* en anglais), considérés comme des instruments monétaires. Ils sont émis au « coup par coup » après accord entre la banque emprunteuse et l'investisseur déposant. Ils n'eurent pas le succès escompté car leur valeur nominale élevée, environ 30 000 $ au minimum, ne permettait pas d'attirer de nouveaux investisseurs. De plus, ils étaient difficilement négociables ;
- les deuxièmes appelés certificats par tranche. Ils s'apparentent aux obligations classiques avec coupon détachable. Ils sont émis selon des procédures proches de celles des euro-émissions et constituent à ce titre un lien entre le marché des euro-devises et le marché des euro-obligations. Le montant d'une émission se situe entre 10 et 30 millions de dollars et est décomposé en titres d'une valeur unitaire moyenne de 10 000 $. Ces montants relativement faibles ont permis d'attirer des investisseurs plus petits. Ceci se traduit par le poids de plus en plus important des certificats de dépôts, qui représentent maintenant plus de 50 % des ressources en euro-devises de certaines banques.

Comme nous l'avons déjà dit, ceci permet aux banques d'avoir des ressources plus stables. Même si l'échéance de certains titres peut atteindre cinq ans, la majorité a une échéance inférieure à six mois. Compte tenu des avantages associés à ces titres pour les investisseurs, les banques peuvent rémunérer ces titres à un taux légèrement inférieur à celui d'un dépôt de même échéance.

En effet, avec ce type de titres, l'investisseur a accès à un vaste marché secondaire lui permettant de revendre ces certificats avec de faibles coûts de transaction, ce qui explique qu'il accepte un taux d'intérêt plus faible.

Par la suite, se sont développés les certificats de dépôts à taux variable, le taux de référence étant souvent le LIBOR (taux offert sur le marché interbancaire de Londres).

La figure 5 présente une émission de certificats de dépôts à taux variable.

4. **Le principe d'une opération sur le marché des euro-devises.** – Le marché des euro-devises, en dehors de son rôle d'intermédiation qui consiste à transformer des dépôts en euro-devises à court terme en euro-crédits principalement à moyen et à long terme, est un marché interbancaire international. Il joue le rôle d'un marché monétaire où les banques ayant des ressources excédentaires prêtent de l'argent et les banques ayant besoin d'argent en empruntent.

Ce marché est assez proche du marché des changes car il peut y avoir des arbitrages entre ces différents marchés. De plus, les opérations sur ce marché se situent physiquement à la table des changes.

Cependant, le marché des euro-devises est un marché où les devises se prêtent et s'empruntent alors que le marché des changes est un marché où les devises s'achètent et se vendent au comptant ou à terme.

De même que sur le marché des changes, si on demande le taux d'intérêt de l'euro-dollar à un mois, on obtient deux taux :

- le taux emprunteur auquel la banque annonceuse emprunte ou rémunère un dépôt ;
- le taux prêteur auquel la banque annonceuse prête de l'argent.

This announcement appears as a matter of record only. November 1996

PCIBank

Philippine Commercial International Bank

US$75,000,000

Floating Rate Certificates of Deposit due 1999

Arranger and Lead Manager

Chase Manhattan Asia Limited

Co-Arrangers

Commonwealth Bank of Australia
Deutsche Morgan Grenfell
J.P. Morgan Securities Asia Ltd.

Senior Managers

Bank Austria Aktiengesellschaft, Singapore Branch
Berliner Bank Aktiengesellschaft
- Bankgesellschaft Berlin Group -

Managers

AFC Merchant Bank
P.T. Bank Negara Indonesia (Persero)Tbk, Singapore Branch
The Thai Farmers Bank Public Company Limited, Singapore Branch
United Malayan Banking Corporation Berhad, Singapore Branch
Bank Brussels Lambert, Singapore Branch
Grand Commercial Bank, Offshore Banking Branch
Landesbank Rheinland-Pfalz Girozentrale

Agent

The Chase Manhattan Bank

Fig. 5. – Notice d'information d'une émission de certificats de dépôts à taux variable

(Nous remercions M. Jacques Tillit, responsable du marché primaire à la banque Rothschild et Cie de nous avoir procuré les plaquettes d'information présentées dans cet ouvrage.)

Par exemple, une cotation de $5_{1/4}$ - $5_{5/8}$ indique que la banque est prête à emprunter des euro-dollars ou à rémunérer un dépôt à un taux de 5,25 % et à prêter des euro-dollars à un taux de 5,625 %.

À Londres, le premier taux s'appelle le LIBID (London Inter-Bank Interest Deposit), taux d'intérêt des dépôts interbancaire à Londres, tandis que le deuxième s'appelle le LIBOR (London Interbank Offered Rate), taux offert interbancaire à Londres.

L'écart représente la rémunération de la banque. Il peut-être beaucoup plus faible dans certains cas. La banque compense la faiblesse de sa marge par le volume des transactions. Cependant, avant de considérer le risque spécifique au marché des euro-devises surtout en cas de prêt, il faut considérer que l'écart entre les deux taux est lié au fait que lorsque la banque annonce ses taux, elle ne sait pas si la personne en face d'elle veut emprunter ou prêter. Ainsi, si cette personne veut emprunter de l'argent et que la banque annonceuse ne dispose pas de la somme désirée, la banque doit emprunter par ailleurs, ce qui nécessite une certaine marge de manœuvre représentée par cet écart.

Une commission peut s'ajouter au taux de base dans le cas d'un prêt effectué par une banque à un client ; par exemple, 2/8, ce qui donne un taux global de $5_{7/8}$. De même, une commission sera soustraite du taux de base dans le cas d'un emprunt effectué par une banque ; par exemple 1/8, ce qui donne un taux global de $5_{1/8}$. La commission sera plus ou moins forte selon la qualité du client, mais elle sera beaucoup plus faible pour un emprunt que pour un prêt car le risque existe uniquement dans ce cas.

La transaction est conclue par téléphone et confirmée par télex, les virements ont lieu dans les quarante-huit heures.

Le marché des euro-devises est très contrôlé (autorégulation par l'ensemble des banques et non par des institutions étatiques), plus que le marché des changes, car il y a un risque de défaut de paiement sur le marché des euro-devises (prêts) qui se traduit dans un cas limite par une perte égale au montant prêté. Ce marché est donc réservé à des institutions de haute qualité, ce qui est nécessaire quand des montants importants, au minimum un million de dollars, sont négociés par téléphone entre des institutions dispersées dans le monde et sous des statuts légaux différents.

5. **Le taux d'intérêt sur le marché des euro-devises.** – Le taux d'intérêt sur le marché des euro-devises résulte de la confrontation de l'offre et de la demande sur le marché. Il échappe à toutes les interventions gouvernementales.

Ainsi, certains déposants peuvent recevoir un taux supérieur à celui qu'ils auraient eu sur le marché national correspondant, et inversement, certains emprunteurs peuvent bénéficier d'un taux inférieur à celui affiché sur le marché national.

Comme sur le marché des changes, les taux d'intérêt varient à chaque instant. Ce marché est donc continu comme le marché des changes, et pratiquement ouvert 24 heures sur 24 heures. En effet, lorsque le marché de Singapour ferme, celui de Londres ouvre.

Il existe plusieurs taux selon l'échéance considérée.

Par ailleurs, il existe plusieurs taux de base, un pour chaque place financière[1] mais ces taux sont pratiquement égaux pour une même devise, car toute différence serait rapidement effacée par des opérations d'arbitrage. De plus, les taux d'intérêt sur les différentes monnaies sont automatiquement reliés aux taux existant sur les marchés des changes. Cette relation est plus connue sous le nom de « parité des taux d'intérêt ». Lorsqu'elle n'est pas vérifiée, il y a une opportunité d'arbitrage.

Exemple d'une opportunité d'arbitrage.

Prenons l'exemple suivant, où pour simplifier, les taux acheteur et vendeur sur le marché des changes sont identiques, ainsi que les taux emprunteur et prêteur sur le marché des euro-devises.

Supposons que les conditions sur les différents marchés soient les suivantes :

le taux de change au comptant : 1 EUR / 1,03 USD ;
le taux de change à terme (un an) : 1 EUR / 1,02 USD ;
le taux d'intérêt à un an de l'euro, ${}_0R_1^{EUR} = 4\ \%$;
le taux d'intérêt du dollar, ${}_0R_1^{USD} = 5\ \%$.

1. Par exemple, le PIBOR et le NIBOR sont respectivement les taux offerts sur le marché inter-bancaire à Paris et à New York.

Dans ce cas, il y a une opportunité d'arbitrage. En effet, pour profiter du différentiel trop élevé des taux d'intérêt, un investisseur va emprunter des euros à un taux de 4 %, les convertir en dollars, et les placer ensuite à un taux de 5 %. Pour éliminer les risques d'une dépréciation importante du dollar, il se couvrira à terme. Comme l'indique la figure 4, l'investisseur gagnera alors sans risque 1,0603 EUR – 1,04 EUR, soit encore 0,0203 €. En termes de taux, son profit est donc égal à 2,03 %.

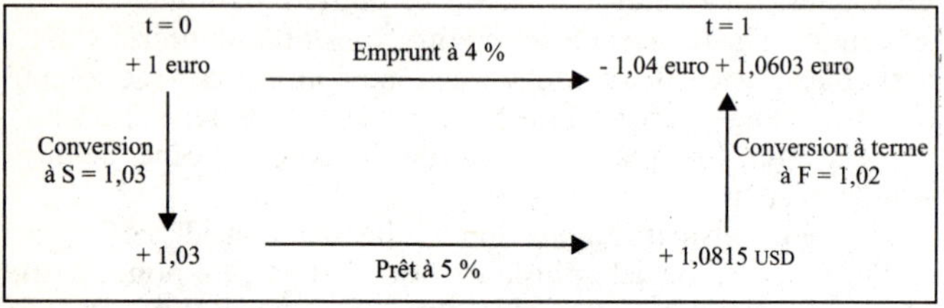

Fig. 6. – Opportunité d'arbitrage

Le profit réalisé (≃ 2 %) est donc approximativement égal à la somme du différentiel d'intérêt (1 %) et du déport[1] à terme de l'euro (F – S)/S, soit 1 %.

Pour qu'il n'y ait pas d'opportunité d'arbitrage, il faut que la parité des taux d'intérêt soit respectée, en l'occurrence que :

$$\frac{{}_0R_1^{USD} - {}_0R_0^{EUR}}{1 + {}_0R_1^{EUR}} = \frac{F - S}{S}.$$

Dans l'exemple présenté dans la figure 7, pour qu'il y ait équilibre, il faudrait alors que le cours de change à terme soit approximativement égal à 1,0399.

1. Si le cours à terme est supérieur au cours au comptant, on parle de report ; si le cours à terme est inférieur au cours au comptant, on parle de déport.

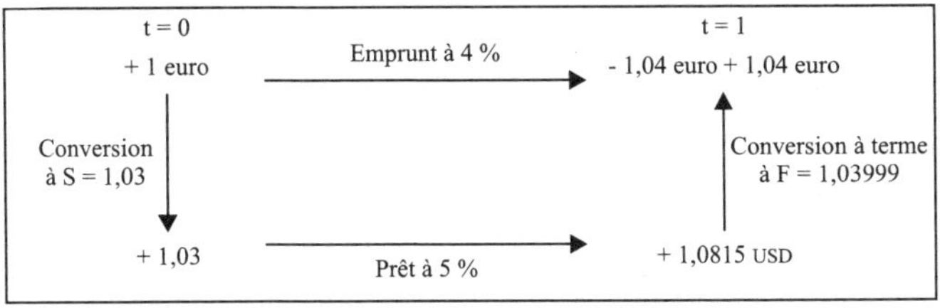

Fig. 7. – Équilibre

II. – Les crédits internationaux

Les crédits internationaux se décomposent entre :

– les crédits étrangers, accordés par des banques dans la monnaie de localisation des banques à des non-résidents. Ils n'ont pas de caractéristiques spécifiques par rapport aux crédits bancaires nationaux. De plus, le montant de ces crédits est relativement faible. Aussi, ils ne sont pas présentés ici ;
– les crédits externes (euro-crédits).

Un crédit externe (euro-crédit) est un crédit consenti en devises externes (euro-devises), à moyen et long terme (généralement d'un à quinze ans) par un pool de banques (« syndication »), pour un montant élevé (entre 20 millions et plus de 1 milliard de dollars US – *Jumbo-loans*). Ce type de crédit se distingue très nettement des prêts à court terme en euro-devises, de montants limités, qui sont accordés par une seule banque. Ces derniers se négocient entre les banques au niveau des tables de change.

Le bilan d'une euro-banque schématisé par la figure 8 permet de visualiser ce mécanisme de transformation de dépôts à court terme en euro-crédits. Il met en évidence les ressources d'une euro-banque constituées d'euro-dépôts au comptant et à terme, de certificats de dépôts et d'emprunts euro-obligataires.

Jusqu'aux années 1970, les investisseurs se finançant sur les marchés externes (euro-marchés) le faisaient principalement à partir des euro-obligations. À la suite d'une hausse des taux d'intérêt, les euro-obligations principalement à taux fixe, fu-

ACTIF	PASSIF
Euro-Prêts à court terme en eurodevises etc.	Capitaux propres dont Euro-actions Euro-obligations Euro-dépôt à terme Certificats de dépôt Euro-dépôts au comptant

Fig. 8. – Bilan sommaire d'une euro-banque

rent délaissées et remplacées par des euro-crédits à long et à moyen terme et à taux variable (crédits *roll-over*). Cependant, au début des années 1980, la part des euro-crédits sur le marché international des capitaux a diminué car la qualité des emprunteurs s'était détériorée au fil des ans. De plus, l'introduction d'euro-obligations à taux variable permit d'éviter le problème posé par les fluctuations des taux d'intérêt, ce qui ac-

Tableau III. – **Répartition par monnaie des crédits internationaux** (en pourcentage)

	1996	*1997*	*1998*	*1999*	*2000*	*2001*
Dollar US	23,9	43,8	22,8	49,5	44,2	44
Yen	11,0	16,9	– 7,5	8,5	8	6,7
Sterling	5,8	7,8	8,7	4,2	4,3	6,4
Franc suisse	2,6	2,7	5,7	3	2,6	2,7
Zone euro	39,4	23,6	61,8	26	26	28,7
Autres monnaies	17,3	5,2	8,5	8,8	14,9	11,5
Total	100,0	100,0	100,0	100,0	100,0	100,0

Le signe – indique que les remboursements ou rachats de crédits sont plus élevés que les nouveaux crédits émis.

NB. – Les montants bruts émis par les pays autres que dits industrialisés représentent 20 % en moyenne. La répartition par monnaie de ces derniers crédits n'est pas donnée mais ils sont probablement en dollars. Un calcul dans ce sens modifierait profondément les pourcentages. Par exemple, le pourcentage USD serait alors égal à 54,2 %.

Les tableaux sont actualisés chaque année en juillet, voir http://www.international-financial-markets.org

Source : BRI, calculs basés sur les montants bruts émis par les pays industrialisés : tables 5A et 5D des rapports trimestriels ou par exemple, p. 10 du rapport trimestriel d'août 1999.

centua le déclin du marché des euro-crédits. Il faut cependant prendre conscience que l'intensification de la concurrence entre bailleurs de fonds pour les emprunteurs de bonne qualité, consécutive à la crise de l'endettement, rend de plus en plus illusoire la distinction entre les marchés des euro-crédits et des euro-obligations. De plus, les facilités d'émission présentées dans le chapitre III reprennent en partie les caractéristiques des euro-crédits et des euro-obligations.

Depuis 1995, nous constatons une recrudescence des euro-crédits qui est due à leur utilisation pour financer les nombreuses fusions-acquisitions réalisées pendant cette période. En effet, grâce à leur caractère flexible, rapide et confidentiel, ainsi qu'à leur capacité de se prêter à des arrangements vastes et complexes, les euro-crédits sont bien adaptés au financement de ce type d'opérations.

Nous abordons successivement dans cette section sur les euro-crédits la structure de leur marché, leurs caractéristiques générales puis les principaux types existant et enfin le principe de leur émission.

1. **La structure du marché des euro-crédits.** – Le marché des euro-crédits à moyen et à long terme s'est donc développé par le biais de la transformation bancaire, à partir du marché des euro-devises. Or, si l'on examine la structure des échéances des euro-crédits, on constate que la majorité sont financés par des dépôts à court terme ; 15 % des dépôts ont une échéance supérieure à six mois alors que la durée moyenne d'un euro-crédit est de cinq ans.

Les monnaies de libellé de ces crédits sont par ordre d'importance : le dollar US, l'euro, le yen et la livre ; le dollar représentant malgré tout plus de 50 %.

Quant aux emprunteurs, ils ont évolué avec le temps. D'après le tableau IV, au début des années 1970, les pays occidentaux étaient les principaux emprunteurs. Par la suite, les pays en voie de développement ont dominé ce marché et leurs difficultés de remboursement ont détérioré son image. Les banques ont alors été plus sélectives dans l'octroi de leurs crédits, la part des pays industrialisés représente actuellement plus de 80 %.

Tableau IV. – **Emprunteurs sur le marché des crédits internationaux**
(en pourcentage)

Emprunteurs	*1984*	*1985*	*1986*	*1987*	*1988*	*1989*
Pays industrialisés	63,94	78,68	77,25	72,66	81,71	77,04
Off-shores	14,12	10,14	18,76	23,64	15,51	21,75
Pays en voie de développement	20,51	7,45	0,90	1,20	2,30	– 0,94
Institutions internationales	2,48	1,39	1,20	0,41	– 0,43	0,30
Autres	– 1,07	2,32	1,86	2,06	0,88	1,83
Total	100	100	100	100	100	100
	1990	*1991*	*1992*	*1993*	*1994*	*1995*
Pays industrialisés	71,76	66,67	82,62	76,85	69,55	64,53
Off-shores	21,57	30,86	– 17,27	3,64	16,32	17,91
Pays en voie de développement	– 1,50	1,03	34,92	1,70	10,30	15,18
Institutions internationales	2,34	– 3,84	– 1,24	– 1,12	0,48	– 0,39
Autres	6,24	5,26	0,89	18,92	3,33	2,75
Total	100	100	100	100	100	100
	1996	*1997*	*1998*	*1999*	*2000*	*2001*
Pays industrialisés	61,91	78,98	201,37	166,25	94,85	94,10
Off-shores	11,36	13,98	– 60,46	– 35,50	4,28	4,95
Pays en voie de développement	23,79	7,00	– 27,02*	– 23,70	– 0,99	– 2,58
Institutions internationales	0,16	0,37	0,73	2,51	0,006	0,079
Autres	2,77	– 0,34	– 14,6	– 9,50	1,85	3,44
Total	100	100	100	100	100	100

* En 1998, les remboursements des pays en développement ont été plus élevés que leurs crédits, ce qui explique ce chiffre négatif. Les calculs sont basés sur les montants avant déduction des crédits interbancaires.

Les tableaux sont actualisés chaque année en juillet, voir http://www.international-financial-markets.org

Source : OCDE jusqu'en 1996 et BRI ensuite.

2. **Les caractéristiques des euro-crédits.** – Nous retrouvons au niveau des euro-crédits à moyen terme les mêmes types de crédits que sur un marché national. Néanmoins, leur utilisation n'est pas la même. Ainsi, cinq catégories d'euro-crédits sont distingués selon leur objet :

- les euro-crédits servant à financer un déficit de la balance des paiements d'un état ou permettant l'accroissement de ses réserves de change ;
- les euro-crédits financiers, accompagnant un crédit acheteur, pour le financement des acomptes sur les dépenses locales, ou des intérêts intercalaires du crédit commercial, sur une opération à l'étranger ;
- les euro-crédits permettant le financement, total ou partiel, de projets industriels ;
- les euro-crédits mis en place comme ligne de garantie *(back up line)* lors de l'utilisation d'autres types de financement (par exemple, recours au marché monétaire par émission de *commercial paper*) en cas d'indisponibilité soudaine de ces ressources ;
- enfin, les euro-crédits consécutifs à une renégociation de dettes (insolvabilité temporaire ou modification des conditions de marché).

D'autres éléments distinguent les euro-crédits des crédits traditionnels.

Premièrement, leurs montants unitaires sont très élevés ; à titre de mémoire, citons l'euro-crédit de 14 milliards de dollars attribués à la Standard Oil of California en mars 1984, et celui de 13,6 milliards de dollars en 1989 utilisé par le consortium dirigé par Kolsberg Kravis Roberts pour l'offre publique de rachat de RJR Nabisco. Si ces chiffres sont effectivement très élevés, il est malgré tout courant d'avoir des euro-crédits de 500 millions à 1 milliard de dollars. Il est difficile de trouver de tels montants rapidement sur un marché national. De plus, une banque ne prendra pas le risque de prêter seule des montants aussi importants. Un regroupement de banques est alors nécessaire, c'est le principe de la syndication bancaire que nous explicitons dans la section 4.

Deuxièmement, le décalage entre l'échéance des euro-dépôts et des euro-crédits expose les banques au risque de taux d'intérêt. En effet, les taux d'intérêt évoluant rapidement, les banques risquent de payer sur leurs ressources en euro-devises, un taux supérieur à celui perçu sur leurs euro-crédits. En conséquence, se sont développés les crédits *roll-over* sur lesquels les taux de référence sont variables.

Troisièmement, en règle générale, le coût des euro-crédits est sensiblement plus faible que celui des crédits correspondants sur les marchés nationaux. Plusieurs facteurs l'expliquent :

- les taux sont largement administrés sur les marchés nationaux alors que sur l'euro-marché, ils résultent de la confrontation de l'offre et de la demande ;
- la prime de risque liée à la qualité de l'emprunteur sur le marché de l'euro-crédit est en moyenne plus faible que sur les marchés nationaux puisque les intervenants sont généralement des groupes importants ;
- les euro-crédits sont généralement de montant très élevé, ce qui permet de mieux répartir les frais fixes et de réduire leur coût par rapport à celui des marchés nationaux ;
- les euro-banques ne sont pas assujetties au système des réserves obligatoires qui grève les crédits nationaux ; seules des recommandations beaucoup moins contraignantes leur sont faites par les organismes de régulation.

Quant au taux de l'euro-crédit, il est composé de plusieurs parties :

- le taux de base qui peut être fixe pendant toute la durée de l'emprunt, mais qui est le plus souvent variable. Nous verrons quels sont les taux de référence utilisés dans le cas du crédit roll-over ;
- la marge (en anglais, *spread*) qui constitue la rémunération du banquier et dont le montant est variable. Différents éléments concourent à la détermination de ce montant : le risque de l'emprunteur (la prime de risque), le volume de l'emprunt, la concurrence plus ou moins vive entre les banques, etc.

Il faut noter à ce niveau que les intérêts versés aux banques doivent être exempts de retenue à la source *(witholding tax)*. Dans le cas contraire, il faut qu'il y ait des conventions fiscales bilatérales prévoyant un crédit d'impôt, sinon les intérêts seront majorés de telle sorte que l'on retrouve le taux désiré après les retenues à la source.

3. **Les principaux types d'euro-crédits.** – Plusieurs formes d'euro-crédits sont utilisables :

A) Le *term loan* ou *term facility* qui est un crédit à trois phases :

- la phase de tirage des fonds. Le montant maximum utilisable est déterminé lors de la négociation du contrat. Dans ce type de contrat, l'emprunteur n'est pas tenu d'utiliser tout le crédit. La période de tirage est relativement courte, de quelques semaines à un an ;
- la phase de différé d'amortissement, s'il existe un accord à ce niveau, qui permet de tirer des fonds pendant cette période sans effectuer de remboursement et sans payer d'intérêts ;
- la phase de remboursement. Toutes les modalités de remboursement sont envisageables. Par exemple, les *term loan bullet* sont remboursés en totalité en fin d'opération tandis que les *term loans balloon* se caractérisent par une dernière tranche de remboursement plus importante que les précédentes.

B) Le *stand by credit* ou *revolving credit* qui s'utilise comme un découvert. Dans ce cas, les tirages et les remboursements s'effectuent au gré de l'emprunteur. Celui-ci peut modifier à tout instant son encours en respectant toutefois un montant minimum pour les tirages et en restant dans les limites du montant négocié initialement.

C) Le crédit *roll-over* est un crédit à terme variable, de deux à douze ans, matérialisé par des billets ou avances à court terme, trois ou six mois, renouvelables à chaque échéance pendant la durée du crédit. C'est donc un euro-crédit renouvelé à intervalles réguliers et à taux variable.

En règle générale, l'emprunteur n'est pas obligé d'utiliser en totalité la somme stipulée dans le contrat. Dans ce cas, il paye une commission supplémentaire.

De plus, à ce type de crédit est souvent attachée une clause « multidevises » qui permet à l'emprunteur de changer la monnaie de dénomination de son emprunt. Ainsi, cinq jours ouvrables avant un nouveau tirage, l'emprunteur peut demander le renouvellement de son prêt dans une autre monnaie si les banques prêteuses jugent cette monnaie disponible sur le marché ; en tout état de cause, cette monnaie doit faire partie d'une liste de monnaies définies dans le contrat. Les remboursements et le paiement des intérêts interviennent dans la monnaie utilisée. Il faut noter que le montant emprunté dans une devise au début de la période t est fonction du montant autorisé dans la devise de référence et du taux de change prévalant au début de la période t entre la monnaie de référence et la devise choisie.

Par exemple, en $t = 0$, le montant que les banques mettent à la disposition de l'emprunteur pendant toute la durée de vie de l'emprunt, ici quatre ans, est égal à 100 millions d'euros ; les devises autorisées sont le dollar américain, la livre anglaise et le yen.

Pour la période 1, l'emprunt est réalisé pour le montant maximal de 100 millions d'euros. Le remboursement et les intérêts sont payés en euros à la fin de cette période. Pour la période 2, on décide d'emprunter le maximum possible en livres sterling ; si 1 GBP (livre sterling) est égal à 1,55 €, le montant emprunté est égal à 64 millions de livres. À la fin de cette période, le remboursement et les intérêts sont faits en livres. Pour la période 3, on décide de renouveler l'emprunt en dollars américains. Au début de cette période, la livre est égale à 1,45 dollars US et à 1,6 euros ; le dollar US est encore égal à 1,06 €. Le montant emprunté en dollars US est égal à 92,8 millions (64 × 1,45). Pour la période 4, on décide de prolonger l'emprunt en dollars, il n'y a pas *a priori* de remboursement des dollars US à la fin de la période 3. En fait, à la fin de cette période ou encore au début de la période 4, le dollar vaut 1,2 €. La contrepartie en euros des dollars empruntés est égale à 111 millions. Elle est supérieure au montant initial de 11 %.

Le montant empruntable en dollars US est de 83 millions (100 millions d'euros / 1,2), l'emprunteur doit alors rembourser la différence entre 92,8 et 83, soit 9,8 millions de dollars. En règle générale, la contrepartie en euros ne doit pas excéder de plus de 3 % le montant initialement prêté. Dans le cas contraire, comme ici, l'emprunteur doit rembourser la différence.

Dans certains crédits *roll-over*, il n'y pas de remboursement à chaque échéance mais uniquement le paiement des frais financiers. En revanche, la monnaie de libellé de l'emprunt change et sa contrepartie dans la monnaie initiale peut fortement bouger.

Avec ce système de renouvellement, le taux est donc modifié à chaque échéance et correspond à celui des nouveaux billets émis. Le taux de référence est souvent le LIBOR. Cependant, depuis quelques temps, les eurobanques ont eu tendance à diversifier leur base de référence. Elles ont ainsi pu indexer le taux de leurs prêts sur :

- le LIBID qui est le taux demandé à Londres par des banques de référence sur les dépôts à court terme en euro-dollars ;
- le LIMEAN qui est une moyenne entre le LIBOR et le LIBID ;
- le *prime rate* américain qui est le taux de base des banques américaines pour leurs prêts à court terme à leur clientèle nationale de premier ordre.

Dans ce cas, le risque de taux est rejeté sur l'emprunteur. Cependant, en règle générale, le taux à court terme est inférieur au taux à long terme et donc, sauf si la structure des taux d'intérêt s'inverse, l'emprunteur a un avantage immédiat.

Enfin, on peut noter que la banque peut toujours rembourser par anticipation un euro-crédit. De même, l'emprunteur peut annuler un euro-crédit avant la date prévue.

4. **Le montage des euro-crédits.** – Le développement de ce marché et l'augmentation des montants empruntés à la fin des années 1960 a été la cause de la naissance du principe de la syndication bancaire.

En effet, le montant des euro-crédits étant de l'ordre de 500 millions de dollars et plus, il est très difficile pour une banque seule d'octroyer le crédit. Aussi, des groupes d'établissements bancaires se constituent pour l'accorder, c'est ce qu'on appelle la procédure de syndication.

La syndication des euro-crédits est donc devenue courante depuis 1970. Elle consiste, pour une banque chef de file, à rechercher d'autres établissements financiers susceptibles de participer à l'opération projetée. Le crédit est dit syndiqué ou consortial.

Le crédit en lui-même est identique à un autre. Seul, change le nombre de prêteurs.

Il y a trois étapes dans le montage d'un euro-crédit :

- l'étape préliminaire ;
- la syndication bancaire ;
- la rédaction de la convention de prêt.

A) *L'étape préliminaire.* – L'objectif est, pour la banque, d'apprécier l'opportunité d'assurer la direction d'un euro-crédit ; ceci en fonction de la rentabilité, de la disponibilité des fonds, du montant de l'engagement sur l'opération, de l'engagement de la banque par pays.

Dans le cas où l'opération semble intéressante pour la banque, elle présente une offre à l'emprunteur dont les principales caractéristiques sont le montant, la durée, le taux d'intérêt, les marges et les commissions. L'emprunteur la compare alors à d'autres offres et donne son accord ou non.

B) *La syndication bancaire.* – S'il y a accord, la banque constitue un syndicat de direction ou chef de filât dont elle est le chef de file *(lead manager)*. Pour ceci, elle contacte des banques qui acceptent ou non. Celles qui acceptent seront alors co-chefs de file *(co-lead manager)*. Notons que pour de très gros euro-crédits *(jumbo loan),* l'emprunteur peut confier la direction du crédit à plusieurs chefs de file sous la direction d'un coordinateur.

Une fois que le syndicat est constitué et donc que l'on pense que l'euro-crédit se fera sans problème, un recueil d'informations sur l'emprunteur appelé mémorandum, est constitué. Il est alors envoyé à d'autres banques qui sont contactées afin d'obtenir la totalité des fonds et pour amoindrir le risque des chefs de file. Ces banques ont alors le titre de participants *(providers)*.

L'objet du syndicat de direction est donc de placer l'euro-crédit auprès d'autres banques. Dans certains cas, le syndicat de direction s'engage irrévocablement vis-à-vis de l'emprunteur à fournir les fonds, même en cas d'échec du placement. Dans d'autres cas, le syndicat de direction ne s'engage pas sur un résultat.

Le chef de file doit plus particulièrement tenir le registre des banques qu'il invite à participer à l'opération et rédiger le contrat de crédit. Dans la plupart des cas, c'est également lui qui se voit chargé par les autres banques du syndicat, d'assurer la fonction de mandataire de gestion des banques (agent), c'est-à-dire la gestion courante durant la vie de l'emprunt.

Une fois que le placement est effectué, un document révélant le montage financier, appelé *tombstone* est réalisé et diffusé à des fins publicitaires auprès des euro-banques.

La figure 9 présente un exemple de *tombstone* d'euro-crédit.

C) *La rédaction de la convention de prêt.* – Dans ce document, toutes les clauses et les conditions financières sont spécifiées.

Les clauses juridiques sont les suivantes :

– Clause *pari passu* :

Elle indique que la dette contractée par l'emprunteur à l'égard du syndicat occupe le même rang que les dettes antérieurement contractées par cet emprunteur.

– Clause *negative pledge* :

Elle oblige l'emprunteur à faire bénéficier le prêteur de toutes les garanties ou sûretés susceptibles d'être accordées ultérieurement à un autre prêteur.

– Clause *cross default* :

Elle stipule que si l'emprunteur est en défaut sur un engagement pris sur un emprunt précédemment contracté, le prêt consenti est annulé.

Les conditions techniques et financières sont les suivantes :

- le taux d'intérêt ;
- la commission de direction qui varie de 1/4 % à 1 1/2 % du total de l'autorisation de crédit. Sur cette commission, le

This announcement appears as a matter of record only.

Bangkok Mass Transit System Public Company Limited

a subsidiary of Tanayong Public Company Limited

has executed the agreements for the project financing of the construction and operation of a 23.5 km elevated mass transit system in Bangkok, the Kingdom of Thailand

Senior Credit Facilities

U.S. $1,227,800,000 (equivalent)

Lead Arrangers

The Siam Commercial Bank PCL

Kreditanstalt für Wiederaufbau

International Finance Corporation

Financial Advisors

Salomon Brothers International Limited

International Finance Corporation

SCB Securities Company Limited

The Siam Commercial Bank PCL

Contractors

Siemens AG

Italian-Thai Development Public Company Limited

Financial Advisor to Siemens AG

European Capital

August 29,1996

Fig. 9. – Plaquette d'émission d'un euro-crédit

(Nous remercions M. Jacques Tillit, responsable du marché primaire à la banque Rothschild et Cie de nous avoir procuré les plaquettes d'information présentées dans cet ouvrage.)

chef de file prélève un préciput pour son travail de rédaction. Le reste correspond à la commission de garantie ; elle rémunère les banques du syndicat de direction et se décompose en fonction de leur engagement dans le crédit :

- dans certains cas, est comprise une commission de participation qui est versée à l'ensemble des banques, qu'elles soient du syndicat de direction ou simples participantes, à un taux progressif variant en fonction de leur participation au crédit. S'il s'avère qu'après versement des commissions, il subsiste un résidu que l'on appelle *pool*, celui-ci est réparti entre les banques du syndicat de direction ;
- la commission d'engagement, calculée sur la différence entre le montant autorisé et le montant tiré sur une période donnée, qui est comprise entre 1/4 % et 3/4 % ;
- la commission d'agent financier qui rémunère le travail administratif effectué par l'agent, en général le chef de file ;
- la marge que nous avons présentée dans la sous-section 2.

Ces conditions dépendent évidemment de l'offre et de la demande. Par exemple, début 1996, Saint-Gobain a obtenu un crédit syndiqué d'un milliard de dollars d'une durée de sept ans. La commission d'engagement était fixée à 6,25 points de base[1] pour les cinq premières années et à 7 points de base pour les sixième et septième années. La marge était de 12,5 points de base pour les cinq premières années et de 15 points pour les sixième et septième années. Compte tenu de la certitude de placer ce crédit, Saint-Gobain n'a pas souhaité obtenir une garantie de placement de la part des arrangeurs (les banques du syndicat de direction).

Ce principe de syndication permet aux banques participantes d'éliminer une partie du risque de non-remboursement, car il est réparti sur plusieurs banques. Le montant du crédit accordé par une banque à un client est limité. De plus, si l'euro-crédit est émis sous la forme de billets à ordre, une banque peut toujours revendre ses billets à ordre représentatifs de sa participation dans l'euro-crédit.

Cependant si le risque d'un euro-crédit peut être limité, il

1. Un point de base équivaut à 0,01 %.

n'en reste pas moins qu'en dehors des risques habituels d'un crédit, des risques spécifiques sont associés à un euro-crédit. Tout d'abord, pour certains emprunteurs étrangers, l'information est restreinte, ce qui, combiné avec le risque politique et les problèmes juridiques renforce le risque d'insolvabilité. D'autre part, les euro-crédits étant de plus en plus à caractère financier, ils n'ont pas d'affectation particulière et donc pas de garantie associée, ce qui peut engendrer des problèmes avec des emprunteurs non fiables. À cause de ces deux types de problèmes, les euro-banques ont été dans l'obligation d'assainir le marché des euro-crédits. Cependant, il subsiste le risque pour une banque de ne pas pouvoir se refinancer facilement, par exemple si les taux ont augmenté fortement ou si les quantités offertes sur le marché de l'euro-devise correspondant sont faibles.

En dehors des montants des crédits possibles, des coûts relativement faibles et des possibilités dans certains cas de changements de devises, les euro-crédits plus particulièrement « roll-over » sont intéressants pour les sociétés qui ne peuvent émettre des euro-obligations à cause de leur taille financière. Ils permettent à ces sociétés de se faire connaître des milieux financiers et donc à terme, leur ouvrent le chemin des euro-obligations.

Chapitre II

LE MARCHÉ DES OBLIGATIONS INTERNATIONALES

Ce marché se compose de deux types d'obligations : les obligations étrangères et les euro-obligations ; la principale différence entre les deux étant que les premières sont négociées sur une bourse précise tandis que les secondes ne font pas l'objet de cotations obligatoires à un endroit géographique unique et sont placées par un syndicat international, et non national, de banques.

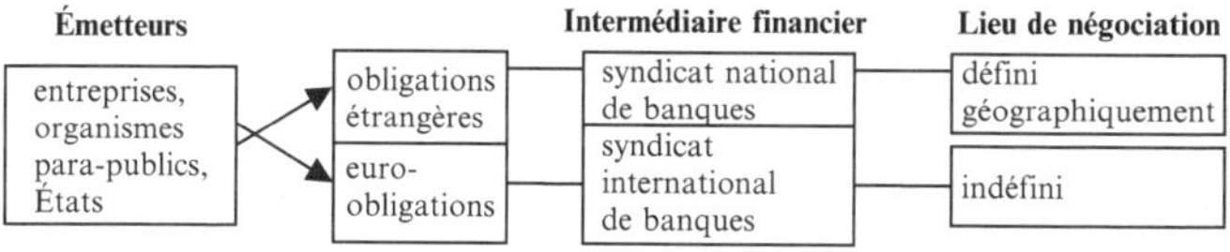

Fig. 10. – Euro-obligations et obligations étrangères

Ces différentes caractéristiques sont illustrées par la figure 10.

Si on se réfère au tableau I, p. 9, nous constatons que ce marché constitue la principale composante des marchés financiers internationaux, plus de 50 %. La part la plus importante de ce marché est celle des euro-obligations.

Ce marché est caractérisé par une innovation permanente, surtout sur le marché des euro-obligations où l'on retrouve en sus des types d'obligations présentées dans le tableau VI, des associations avec d'autres actifs financiers tels que les swaps ou les options de change. Les obligations classiques à taux d'intérêt fixe sont, malgré tout, et de loin, les plus importantes.

Tableau V. – **Émissions d'obligations étrangères et d'euro-obligations**
(montants bruts en milliards de dollars)

	1973	*1974*	*1975*	*1976*	*1977*	*1978*
Euro-obligations	4,1	3,4	8,7	15,2	18,6	15,1
Obligations étrangères	4,5	5,4	11,0	18,5	16,3	20,7
Total	8,6	8,8	19,7	33,7	34,9	35,8

	1979	*1980*	*1981*	*1982*	*1983*	*1984*
Euro-obligations	17,3	20,0	26,5	50,3	43,5	77,9
Obligations étrangères	20,0	18,0	21,3	25,2	31,5	31,5
Total	37,3	38,0	47,8	75,5	75,0	109,4

	1985	*1986*	*1987*	*1988*	*1989*	*1990*
Euro-obligations	125,9	187,3	142,9	184,7	227,9	198,0
Obligations étrangères	38,5	35,6	32,7	43,5	38,1	50,5
Total	164,4	222,9	175,6	228,2	266,0	248,5

	1991	*1992*	*1993*	*1994*	*1995*	*1996*
Euro-obligations	281,2	313,4	458,6	446,0	465,8	726,9
Obligations étrangères	52,2	55,2	69,5	46,5	64,9	132,1
Total	333,4	368,6	528,1	492,5	530,7	859,0

	1997	*1998*	*1999*	*2000*	*2001*
Euro-obligations	874,5	1 021,7	1 524,7	1 630,8	1 984,7
Obligations étrangères	128,1	97,3	103,4	76,9	43,1
Total	1 002,6	1 119,0	1 628,1	1 707,7	2 027,8

Nous remercions MM. Thomas Jan et Denis Pêtre de la BRI pour les informations fournies.

Les tableaux sont actualisés chaque année en juillet, voir http://www.international-financial-markets.org

Source : OCDE jusqu'en 1982 ; BRI pour les années suivantes.

Les dernières innovations sur le marché des euro-obligations sont entre autres :

- le lancement d'émission planétaire ou globale qui, introduite par la Banque mondiale en 1989, combine les caractéristiques des émissions internes par le fait qu'elles sont nominatives et des euro-émissions par les méthodes de placement et leurs émissions dans les différentes régions du monde ;
- l'utilisation des techniques d'émission sur nantissement aux garanties autres qu'hypothécaire. C'est ainsi que plusieurs émissions à taux variable, gagées sur des portefeuilles de recouvrement de cartes de crédit et de crédit-bail, ont été lancées avec succès sur l'euro-marché.

Ces différents titres émis par les entreprises, organismes et états le sont par l'intermédiaire des banques. Plus de 90 % des emprunteurs sont des ressortissants des pays de l'OCDE, ta-

Tableau VI. – **Les différents types d'actifs**
(en pourcentage)

	1983	*1984*	*1985*	*1986*	*1987*	*1988*	*1989*	*1990*	*1991*	*1992*
Obligations classiques	64	54	57	64	68	71	61	69	80	80
Obligations à taux variable	25	35	35	23	7	9	7	16	6	13
Obligations liées à des actions	10	10	6	12	24	18	31	13	13	6
Total	100	100	100	100	100	100	100	100	100	100

	1993	*1994*	*1995*	*1996*	*1997*	*1998*	*1999*	*2000*	*2001*
Obligations classiques	77	69	78	69	61	72	68	70	70
Obligations à taux variable	14	23	17	24	33	25	29	26	26
Obligations liées à des actions	8	7	4	5	4	2	2	3	4
Total	100	100	100	100	100	100	100	100	100

Source : Jusqu'en 1996, calculs basés sur les chiffres de l'OCDE, ensuite sur ceux de la BRI.

bleau VII, ce qui indique que contrairement au marché des euro-crédits, le marché des obligations internationales est un marché réservé à des emprunteurs de bonne qualité.

Tableau VII. – **Les pays emprunteurs**
(en pourcentage)

Emprunteurs	*1983*	*1984*	*1985*	*1986*	*1987*	*1988*	*1989*
Pays industrialisés	86	88	87	93	92	93	93
Institutions internationales de développement	8	7	6	4	5	3	4
Pays en développement	3	3	4	1	1	1	1
Total	100	100	100	100	100	100	100

Emprunteurs	*1990*	*1991*	*1992*	*1993*	*1994*	*1995*
Pays industrialisés	90	91	89	87	87	87
Institutions internationales de développement	6	4	5	4	2	3
Pays en développement	2	3	3	7	9	8
Total	100	100	100	100	100	100

Emprunteurs	*1996*	*1997*	*1998*	*1999*	*2000*	*2001*
Pays industrialisés	87	129	83	89	88	89
Institutions internationales de développement	3	22	3	9	1	3
Pays en développement	9	5	8	2	11	8
Total	100	100	100	100	100	100

Les tableaux sont actualisés chaque année en juillet, voir http://www.international-financial-markets.org

Source : Calculs basés sur les chiffres de l'OCDE jusqu'en 1996 et ensuite sur ceux de la BRI.

À l'origine, le marché des obligations internationales étant uniquement composé d'obligations étrangères, nous traitons ce type d'obligations en premier.

I. – Le marché des obligations étrangères

Une obligation étrangère est une obligation émise sur une place financière par un non-résident, libellée dans la monnaie nationale de ce marché.

Initialement, ces obligations étaient émises sur la place de New York pour plusieurs raisons :

- des coûts moins élevés ;
- la taille du marché ;
- la facilité d'accès à ce marché.

Actuellement, de nombreuses places ont un marché d'obligations étrangères. Aussi allons-nous présenter ces différentes places avant d'examiner les principales caractéristiques de ces titres et leur système d'émission.

1. Les principales places d'émission d'obligations étrangères.

D'après l'examen du tableau VIII, nous constatons que les premières places sont occupées par les États-Unis, la Suisse et le Japon. Compte tenu de l'importance du dollar, nous pouvons comprendre l'intérêt d'émettre des obligations aux États-Unis. En revanche, l'importance de la Suisse est plus surprenante. Une des raisons est que la Suisse est un centre bancaire international, mais la principale est que la banque centrale suisse ne désire pas qu'un marché des euro-obligations suisses et plus particulièrement de l'euro-franc suisse se développe. En effet, dans ce cas, la monnaie suisse pourrait devenir une monnaie de réserve internationale, ce qui ne serait pas compatible avec la taille de l'économie suisse. Aussi, la banque centrale suisse a longtemps empêché les banques suisses de participer aux placements d'éventuelles euro-obligations en francs suisses. Cette contrainte est partiellement levée depuis le 1er avril 1993. Le même motif explique aussi l'importance du Japon ; il faut noter que cette limitation n'existe plus depuis 1984.

Selon le pays d'émission, des noms différents sont donnés aux obligations étrangères ; celles émises aux États-Unis et Japon sont appelées respectivement *Yankee Bonds* et *Samourai Bonds,* tandis que celles émises en Grande-Bretagne et en

Tableau VIII. – **Émissions étrangères par marché** (en pourcentage)

	1983	*1984*	*1985*	*1986*	*1987*	*1988*	*1989*
Total	100	100	100	100	100	100	100
Suisse	43	40	38	64	73	61	49
Allemagne	18	20	25	0	0	0	0
Espagne	0	0	0	0	1	2	5
RU	3	6	3	1	0	1	4
Japon	12	15	15	11	6	7	17
Luxembourg	0	0	1	0	0	0	1
Pays-Bas	4	4	3	1	0	1	0
Portugal	0	0	0	0	0	0	0
EUR							
USD	19	14	12	19	15	23	23
Autres	1	1	3	3	6	4	2

	1990	*1991*	*1992*	*1993*	*1994*	*1995*
Total	100	100	100	100	100	100
Suisse	46	39	34	38	41	41
Allemagne	0	0	0	0	0	0
Espagne	3	5	2	1	2	1
RU	0	0	0	0	0	0
Japon	16	10	16	21	23	25
Luxembourg	8	6	2	0	2	0
Pays-Bas	0	0	0	0	0	0
Portugal	0	0	0	0	0	0
EUR						
USD	25	39	45	38	31	33
Autres	1	1	1	0	1	0

	1996	*1997*	*1998*	*1999*	*2000*	*2001*
Total	100	100	100	100	100	100
Suisse	20	15	23	17	17	24
Allemagne	1	0	1	0	0	0
Espagne	5	5	4	0	0	0
RU	0	0	0	0	0	0
Japon	27	14	2	7	30	28
Luxembourg	0	0	1	0	0	0
Pays-Bas	0	0	0	0	0	0
Portugal	1	1	1	0	0	0
EUR				6	2	0
USD	45	54	53	61	42	32
Autres	2	12	15			

Nous remercions MM. Thomas Jan et Denis Pêtre de la BRI pour les informations fournies.

Les tableaux sont actualisés chaque année en juillet, voir http://www.international-financial-markets.org

Source : BRI (Bâle), calculs basés sur les montants bruts des émissions d'obligations étrangères (avant remboursement et rachat).

Suisse sont respectivement désignées par les expressions *Bull-dog Bonds* et *Chocolate Bonds*.

2. **Les caractéristiques générales des obligations étrangères.** Les obligations étrangères sont soumises à la réglementation nationale du pays d'émission sur les valeurs mobilières nationales. Les caractéristiques de ces obligations sont donc proches de celles émises sur les marchés nationaux. Cependant, étant en concurrence directe avec les euro-obligations, elles suivent certains principes de leur marché.

A) *Le statut fiscal des obligations étrangères est privilégié, comme l'est celui des euro-obligations.* – En effet, que ce soit directement ou indirectement, il n'y a pas de retenue à la source sur les revenus versés par les emprunteurs.

B) *Le principe d'émission des obligations étrangères est semblable à celui des euro-obligations,* la seule différence provenant du fait que les obligations étrangères sont réalisées dans un pays donné, et qu'en conséquence, elles sont soumises aux contraintes réglementaires du pays. En règle générale, le syndicat bancaire qui s'occupe de l'émission d'obligations étrangères est composé des banques du pays où a lieu l'émission, facteur qui permet un bon placement local, quoique accessible aux non-résidents.

La figure 11 présente une émission par une banque autrichienne d'obligations étrangères en Allemagne.

C) *Le marché secondaire des obligations étrangères s'apparente beaucoup à celui des euro-obligations.* – C'est-à-dire que la plupart des transactions se déroule hors de la bourse où a eu lieu l'émission, c'est un marché *over the counter* où ce sont les *markets markers* (« teneurs de marché ») qui s'occupent des transactions. Cependant, ceci n'est pas valable pour l'ensemble des obligations étrangères et en particulier pour celles en francs suisses et en deutsche marks.

Le marché secondaire de ces obligations était localisé il y a quelques années, dans les bourses d'émission ; en particulier, Zurich et Francfort. Ces marchés étaient très peu liquides, sur-

New issue — All these securities having been sold, this announcement appears as a matter of record only. — November 20, 1996

Bank für Arbeit und Wirtschaft
Aktiengesellschaft
Vienna, Republic of Austria

DM 250,000,000

$4\,^{5}/_{8}\,\%$ Bonds of 1996/2000

Issue Price:	101.605 %
Interest:	$4\,^{5}/_{8}$ % p.a., payable annually in arrears on November 2·)
Maturity:	November 20, 2000 at par
Listing:	Munich and Frankfurt am Main

Bayerische Landesbank
Girozentrale

Banque et Caisse d'Epargne de l'Etat, Luxembourg

Bayerische Hypotheken- und Wechsel-Bank
Aktiengesellschaft

Commerzbank
Aktiengesellschaft

Crédit Suisse First Boston
Aktiengesellschaft

Deutsche Morgan Grenfell
Deutsche Bank Aktiengesellschaft

DG BANK
Deutsche Genossenschaftsbank

Dresdner Kleinwort Benson
Dresdner Bank Aktiengesellschaft

Merrill Lynch Deutschland
Branch of Merrill Lynch Capital Markets Bank Limited

Österreichische Investitionskredit Aktiengesellschaft

Paribas Capital Markets
Banque Paribas (Deutschland) OHG

SBC Warburg
A Division of Swiss Bank Corporation

Société Générale S.A.

UBS
Schweizerische Bankgesellschaft (Deutschland) AG

Fig. 11. – Plaquette d'émission d'obligations étrangères

(Nous remercions M. Jacques Tillit, responsable du marché primaire à la banque Rothschild et Cie de nous avoir procuré les plaquettes d'information présentées dans cet ouvrage.)

tout celui en francs suisses, car les banques intervenaient uniquement comme intermédiaires et la bourse était en fait une chambre de compensation. Un marché *over the counter* s'est alors développé pour les obligations étrangères en francs suisses. Le but était d'obtenir une plus grande liquidité. Malgré cela, on ne retrouve pas des *markets makers* comme sur le marché des euro-obligations ou les autres marchés d'obligations étrangères, les banques intervenant plutôt comme des courtiers. C'est pour ceci que ce marché est un *one way market,* c'est-à-dire un marché où une tendance à la baisse ou à la hausse est renforcée au lieu d'être atténuée. Nous retrouvons ce défaut en partie sur les autres marchés d'obligations étrangères.

Toutefois, ces marchés sont de plus en plus liquides et les contrepartistes jouent de plus en plus leur rôle ; ce qui devrait avoir pour effet de rendre ténue la frontière entre le marché des euro-obligations et celui des obligations étrangères.

II. – Le marché des euro-obligations

Une euro-obligation est une obligation émise par une entreprise, organisation ou entité publique, par les soins d'un syndicat international de banques et placée normalement dans un pays autre que celui (ou ceux) de la monnaie (des monnaies) de libellé de l'emprunt.

1. **L'origine.** – L'instauration de la taxe de péréquation des taux d'intérêt aux États-Unis en 1963 fut à la naissance du marché des euro-obligations. L'objectif recherché était de freiner la sortie des capitaux des États-Unis afin de diminuer le déficit de la balance des paiements. Ainsi, tout achat par un Américain d'une obligation étrangère était taxé de façon à ce que les taux d'intérêt servis sur ces emprunts soient au moins aussi élevés que les taux les plus élevés en Europe. Ceci entraîna un déplacement des emprunteurs du marché des *Yankee-bonds* vers celui des euro-obligations.

La première opération fut réalisée par le banquier Sir Siegmund Warburg qui monta un financement en dollars à Londres pour la sidérurgie italienne.

2. **Les monnaies utilisées.** – Nous constatons d'après le tableau IX que le dollar US occupe la première place, et ceci malgré la suppression de la taxe de péréquation en 1974.

Les autres monnaies importantes sont respectivement l'euro, le yen et la livre sterling.

Tableau IX. – **Euro-émissions par monnaie**
(en pourcentage)

	1983	*1984*	*1985*	*1986*	*1987*	*1988*	*1989*	*1990*	*1991*	*1992*
CAD	3	3	2	3	4	7	5	3	8	5
DEM	2	1	1	9	11	13	7	9	7	11
DKK	0	0	0	1	1	1	0	0	0	0
FRF	0	0	1	2	2	2	2	5	6	8
GBP	5	5	4	6	11	13	9	11	10	8
ITL	0	0	0	0	1	1	2	3	4	3
JPY	1	2	5	10	16	9	8	12	13	12
NLG	1	1	0	2	1	2	2	2	2	3
NZD	0	0	1	0	1	0	0	0	0	0
USD	83	84	75	62	40	40	54	38	32	36
XEU	5	4	6	4	5	6	5	9	12	7
EUR										
Autres	1	1	3	2	8	6	6	7	5	5
Total	100	100	100	100	100	100	100	100	100	100

	1993	*1994*	*1995*	*1996*	*1997*	*1998*	*1999*	*2000*	*2001*
CAD	6	3	1	1	0	0	0	0	0
DEM	14	10	16	12	9	10	0	0	0
DKK	0	0	1	0	0	0	0	0	0
FRF	9	6	3	6	5	3	0	0	0
GBP	10	8	6	8	8	9	8	9	7
ITL	3	4	3	4	5	3	0	0	0
JPY	12	22	24	14	13	7	5	7	6
NLG	3	3	2	3	2	2	0	0	0
NZD	0	0	0	0	1	0	0	0	0
USD	37	34	34	46	51	51	43	47	49
XEU	2	2	2	1	1	9			
EUR							40	35	36
Autres	4	7	9	6	5	4	4	2	2
Total	100	100	100	100	100	100	100	100	100

Nous remercions MM. Thomas Jan et Denis Pêtre de la BRI pour les informations fournies.

Source : BRI (Bâle), calculs basés sur les montants des émissions d'euro-obligations. À partir de 1992, les programmes d'émissions des notes à moyen terme sont intégrés dans ces calculs. Les tableaux sont actualisés chaque année en juillet, voir http://www.international-financial-markets.org

3. **La taille des euro-obligations.** – La taille des emprunts se situe entre 30 et 500 millions de dollars, en moyenne 100 millions de dollars.

Quant aux *jumbo* euro-émissions d'un montant d'un milliard et plus de dollars, elles sont beaucoup plus rares que sur le marché des euro-crédits. Toutefois, le marché se développe, car ces dernières années, des euro-émissions de quatre milliards de dollars ont été organisées. Citons en 1993, l'emprunt record de la République italienne qui atteignait 5,5 milliards de dollars dans le cadre d'une émission obligataire à taux fixe.

4. **Les différents types d'euro-obligations.** – Les principaux titres sont respectivement les obligations à taux fixe qui représentent approximativement 70 % du marché des euro-obligations et celles à taux variable (*Floating rate notes,* FRN) qui en représentent environ 20 %. Cependant, il existe de nombreux autres titres, ne représentant pas des masses monétaires importantes, mais qui montrent toute la capacité d'innovation de ce marché et en conséquence, son rôle précurseur.

A) *Les euro-obligations à taux fixe.* – Elles représentent le premier type d'obligations émises. Comme les obligations à taux fixe émises sur les marchés nationaux, elles assurent à leur détenteur un remboursement à une échéance déterminée et le versement d'un intérêt fixe. Elles sont cotées au pied du coupon en pourcentage.

La maturité de ce type d'obligations s'était allongée jusqu'en 1993. Ainsi, des émissions d'euro-obligations à trente ans et plus ont vu le jour, caractéristique plutôt réservée jusqu'à présent aux euro-obligations à taux variable. En revanche, en 1994, il a fallu adapter les caractéristiques de ces titres aux nouvelles exigences des intervenants, en réduisant leur durée de vie moyenne (jusqu'à six ans) ainsi que leur montant unitaire (en moyenne, de 200 millions de dollars à 50 millions de dollars).

B) *Les euro-obligations à taux variable (FRN – « Floating Rate Notes »), encore appelées notes à taux variable (NTV).* – Ce type d'obligations se caractérise par rapport aux premières par le système de calcul du coupon. Il peut être indexé sur le taux d'intérêt à court terme et il est normalement payé tous les six mois et prédéterminé, c'est-à-dire calculé *ex-ante.* Dans ce cas, l'emprunt est dit à taux flottant ou révisable. Par exemple, les intérêts payés dans six mois seront calculés à partir du LIBOR à six mois annoncé aujourd'hui. Elles sont généralement amortissables *in fine* et une clause de remboursement anticipé au pair au gré de l'émetteur, passé un délai de trois ans, est parfois prévue.

Le coupon peut être calculé à la fin de la période *(ex-post)* ou postdéterminé. Il est donc connu le jour du paiement et établi en fonction du taux d'intérêt de référence affiché ce jour (ou encore basé sur une moyenne de taux d'une période de référence, par exemple, le dernier mois). L'emprunt est alors dit à taux référencé ou à taux variable.

Il existe d'autres types d'obligations à taux variable. Pour certaines obligations à taux variable, le taux servi est une moyenne trimestrielle du LIBOR.

Lorsqu'un coupon minimum est prévu, les FRN sont appelées *mini-max* et *capped* si seul un taux plafond est prévu ; par contre, si le taux est ajusté fréquemment (par exemple, un intérêt calculé tous les mois sur la base d'un LIBOR à trois mois ou à six mois *prorata temporis*), les FRN sont dites *mis-match.* En outre, les FRN qui se transforment en obligations à taux fixe lorsque le total « LIBOR + marge » est en dessous d'un certain seuil fixé au préalable se nomment *drop lock bonds.*

Citons les *evergreen* qui sont des FRN émises à perpétuité, et qui lorsqu'elles sont échangeables au gré du souscripteur en FRN à échéance définie, sont dites *flip-flop.* De nombreuses banques ont émis en 1986 des obligations perpétuelles ou à de très longues durées. Par exemple, la Westpac Banking Corp a émis des euro-obligations à durée perpétuelle à un taux égal au LIBOR plus une marge de 0,125 % ou encore la Bank of Nova Scotia qui a lancé une euro-obligation d'une durée de quatre-vingt-dix-neuf ans pour un montant de 300 millions USD à un taux égal au LIBOR plus une marge de 0,125 %. Ces titres s'assimilent à des quasi-actions et peuvent servir à renforcer les fonds propres d'une société. Ils sont néanmoins plus rares sur le marché actuellement car les émetteurs ne sont plus d'aussi bonne qualité qu'au début ; ce qui a entraîné une certaine réticence des souscripteurs pour ce type de titre.

Il existe aussi les *rolling rate notes* dont le taux est une moyenne des taux à court terme de la période considérée ; il est alors calculé *ex-post.* La banque chargée par l'émetteur d'annoncer le taux de référence à chaque période s'appelle le *reference agent.*

Il faut noter que jusqu'en 1986, les taux de référence utilisés pour les FRN étaient de plus en plus bas. Ainsi, on était passé du « IBOR » (LIBOR à Londres, PIBOR à Paris..., etc.), le taux offert sur le marché des euro-devises, au « IMEAN », la moyenne du taux offert et du taux demandé et jusqu'au « IBID », le taux demandé. De plus, la marge *(spread)* payée en sus du taux de référence par les emprunteurs était même devenue négative. Ainsi, la Grande-Bretagne a émis en septembre 1986 une *jumbo* euro-émission de 4 milliards USD à un taux égal au LIBID moins un *spread* de 0,125 %. Cependant, cette faible rémunération a entraîné un désistement des emprunteurs envers les FRN en 1987-1988, tableau VI si l'on raisonne en pourcentage du marché des obligations internationales. On constate depuis quelques temps un retour à des taux plus élevés, LIBOR + marge positive. En conséquence, après une période creuse, ces titres connaissent un regain d'intérêt depuis 1992.

C) *Les obligations convertibles.* – Identiques à celles existant dans le cadre national, ces obligations ont l'avantage de pouvoir se convertir en actions lorsque le souscripteur le désire. Ceci permet à ce dernier de prendre une position sur le marché des actions si celui-ci est à la hausse. De plus dans le cas d'obligations émises par des sociétés américaines, cela permet de prendre une position sur le marché des actions sans avoir à acquitter la retenue à la source de 30 % sur les dividendes versés aux non-résidents.

Certaines sont convertibles en obligations. C'est le cas des *convertible floating rate notes* qui sont des notes à taux variables avec droit de conversion (au gré du souscripteur) en une obligation à taux fixe. Le droit peut être exercé aux échéances de périodes d'intérêt. Les caractéristiques du nouveau titre sont définies à l'avance. Le porteur exerce donc son droit si les taux variables descendent au dessous du niveau du taux fixe prévu. Les *convertible FRN* offrent ainsi une protection au souscripteur contre la baisse des taux, sans l'empêcher de bénéficier d'une hausse.

Les *extendable bonds* ou obligations prolongeables sont des titres à taux fixe et à moyen terme, qui peuvent se convertir en une nouvelle obligation offrant les mêmes conditions de taux, mais avec une durée plus longue. Le porteur a intérêt à prolonger son placement si les taux du marché ont baissé.

Il existe aussi des obligations convertibles en actions avec option de change. Par exemple, une entreprise française émet une euro-obligation en dollar, convertible en une action obligatoirement en euros. Si un rapport fixe existe entre l'obligation convertible et le nombre d'actions auxquelles elle donne droit, un cours de change implicite entre l'euro et le dollar existe à chaque instant. Sinon, ce rapport est fonction de la valeur de l'obligation, de la valeur de l'action sous-jacente, et donc du taux de change qui est généralement celui de la date d'émission.

Ainsi, quel que soit le cas, l'obligation convertible émise est en fait assortie de deux options ; une option d'achat d'actions et une option de change. La décision du souscripteur de convertir ou pas dépendra en conséquence du prix de l'action, dans notre exemple en euros et du taux de change du dollar en euros.

D) *Les obligations à option de change (« dual currency bonds »).* – Le porteur de l'obligation libellée initialement dans une devise a le droit d'être remboursé et de percevoir ses intérêts dans une autre devise, cette devise et le taux de change entre les deux devises concernées étant fixés au départ.

E) *Les obligations à warrants.* – Les obligations avec warrants permettent d'acheter des titres de l'émetteur. On distingue deux types de warrants ; les premiers permettent d'acheter des actions (warrants sur actions), les deuxièmes des obligations (warrants sur obligations).

Cependant, contrairement aux obligations convertibles, il faut dans ce cas non plus échanger l'obligation contre le titre mais débourser une certaine somme d'argent pour acquérir ce titre.

Certains warrants permettent d'acheter des titres émis par des États. Ainsi, les *wings (warrants into government securities)* sont des émissions de warrants effectuées par d'importantes banques internationales qui donnent le droit à leur détenteur d'acheter une obligation du Trésor américain, à des conditions de prix et délai d'exercice fixés initialement.

F) *Les émissions en monnaie composite.* – Depuis la disparition de l'ECU, la seule monnaie composite utilisée est le DTS. Les DTS (droits de tirages spéciaux) sont composés de cinq monnaies (dollar, yen, euro, livre sterling). *A priori*, une monnaie composite est plus stable car les fluctuations des différentes monnaies la composant ont tendance à se compenser.

Dans ce type d'émissions, l'emprunteur a le choix de la monnaie de paiement des coupons et de remboursement parmi le panier de monnaies composant la monnaie composite.

Il est possible d'avoir des émissions faisant référence à plusieurs monnaies, laissant éventuellement à l'emprunteur, le choix de la monnaie pour les coupons et remboursements. Nous retrouvons approximativement les obligations à option de change, voir § D.

G) *Les « discount bonds » ou obligations à coupon zéro.* – Ce sont des obligations émises avec un taux de coupon nul. La rémunération se fait exclusivement grâce à la plus-value entre le prix d'émission fixé très bas et le remboursement au pair. Implicitement, le remboursement est égal au prix d'émission plus les intérêts courus non versés pendant la période de détention.

H) *Les emprunts mixtes (ou à double monnaie).* – Ce sont des obligations dont la libération, le service des intérêts et le remboursement ne se font pas dans une monnaie unique. Par exemple, le paiement des intérêts se fait en euros et le remboursement en dollar. Contrairement aux obligations avec option de change, le porteur de l'obligation n'a pas ici le choix de ces devises, et ne peut donc pas profiter de ces variations de change.

I) *Les euro-obligations indexés sur des biens.* – C'est le cas par exemple des euro-émissions où les intérêts et les remboursements sont indexés sur l'or.

J) *Les émissions à paiement différé (« partly paids »).* – L'emprunteur procède au lancement d'une euro-obligation classique, à la différence qu'il ne réclame lors de l'émission, qu'une faible partie du montant du titre. Le solde est réglé seulement trois ou six mois plus tard.

K) *Les obligations « taureau et ours » (« bull and bear bonds »).* – Ce sont des emprunts obligataires en deux tranches égales et indexées qui s'adressent en même temps aux investisseurs qui anticipent, les uns par le biais de la tranche *bull* (taureau) remboursable au-dessus du pair majoré par l'indice, une hausse ; les autres, par la tranche *bear* (ours), remboursable au-dessous du pair minoré par l'indice, une baisse du cours de bourse.

Ainsi, si l'indice de marché boursier a connu une variation négative, le porteur d'une part de la tranche *bear* en bénéficiera. L'émetteur est neutre vis-à-vis de cette évolution de l'indice ; ce qu'il doit verser en plus à une tranche est soustrait des versements à effectuer aux porteurs de l'autre. Les intérêts peuvent faire aussi l'objet d'une telle indexation.

5. **Les euro-émissions.** – Les émissions d'euro-obligations s'appellent euro-émissions et se font selon le système de la syndication déjà examiné dans le cadre des euro-crédits. On distingue deux types de placements, public et privé. Un placement public implique que le titre sera coté dans une bourse de valeurs, ce qui n'est pas le cas d'un placement privé. De plus, lors d'un placement privé, la procédure est généralement simplifiée et les titres vendus ont un nominal plus élevé, 100 000 USD.

Une euro-émission se déroule selon trois phases : la préparation de l'émission, la constitution des syndicats de garantie et de placement, et le lancement de l'émission.

A) *La préparation de l'émission.* – Un mandat doit être donné par un emprunteur à une banque afin de mettre au point une euro-émission. En règle générale, c'est la banque qui démarche les clients potentiels ciblés par leur rating[1], au minimum BBB ; leur taille, au moins un CA de 500 millions de dollars et un bénéfice de 50 millions de dollars ; et leurs recours antérieurs au marché.

Cette banque constitue alors un syndicat de direction dont elle sera le chef de file principal.

Le syndicat de direction est composé d'une banque chef de file et d'autres banques, co-chefs de file. Ces derniers, entre quatre et trente, sont choisis par le chef de file, en accord avec l'emprunteur en fonction de leur compétence et de leur influence sur une place financière.

Le rôle du chef de file est d'organiser l'émission, de constituer le syndicat de direction, de négocier avec l'emprunteur les conditions définitives, de stabiliser le marché du titre en cours d'émission et de surveiller son marché secondaire. Il exerce souvent les fonctions de « teneur de book » (centralisation des demandes et secrétariat de l'émission) et d'agent (mandataire de gestion durant la vie de l'emprunt pour le service de la dette...).

Pour des émissions importantes, on peut avoir trois ou quatre chefs de file. La répartition des responsabilités est alors indiquée dans le protocole, qui donne aussi la répartition des commissions entre les banques et les syndicats.

À ce niveau, les principales caractéristiques de l'émission sont données, certaines fixées au départ (le support de l'émission, le choix de la devise) et d'autres fixées à la fin (le prix du lancement, le montant du coupon).

Les banques rédigent alors une lettre d'intention où elles s'engagent à garantir le placement de l'emprunt.

1. Le rating est une appréciation de la qualité de la signature de l'émetteur publiée par des établissements comme Standard and Poor's ou Moody's. Il s'échelonne de AAA (le meilleur) à CCC (le pire). L'émetteur dont le rating est CCC doit offrir un taux supérieur à celui dont le rating est AAA. À titre d'exemple, EDF bénéficie depuis plusieurs années d'un des meilleurs rating internationaux.

B) *La constitution du syndicat de garantie et de placement.* Pendant les deux semaines qui suivent, une phase de préplacement a lieu.

Sont alors constitués :

– Le syndicat de garantie composé des membres du syndicat de direction et d'autres banques ou intermédiaires financiers appelés les sous-participants *(underwriters)*. Ce syndicat garantit le placement de l'emprunt, à raison normalement de 40 % pour les banques du syndicat de direction et de 60 % pour les autres. La quote-part de garantie offerte à une banque dépend de sa surface financière et des relations qu'elle entretient avec le chef de file. En conséquence, si un certain montant n'est pas placé, la répartition des invendus sera faite de façon proportionnelle à l'importance de la quote-part garantie. Les sous-participants *(underwriters)* sont choisis selon des critères de répartition géographique. On compte environ 20 à 40 banques dans le syndicat de garantie pour une émission de taille moyenne (100 millions de dollars), 100 à 200 banques pour les plus grosses émissions.

– Le syndicat de placement *(selling group)* composé des membres du syndicat de garantie et d'autres banques. Ces dernières banques sont sélectionnées en fonction de leur capacité de placement des titres chez leurs clients ou dans leur portefeuille.

Une banque, en participant à un syndicat de placement, s'engage à régler le prix des obligations qui lui sont attribuées, diminué de la commission de placement. Si elle ne peut placer le papier ou le garder dans son portefeuille, elle fera jouer la garantie.

À la fin de cette phase de prospection, la réponse du marché peut être positive ou négative.

Si elle est négative, le chef de file peut décider soit d'annuler l'opération, soit de la suspendre, soit d'en modifier les conditions financières.

Si elle est positive, le chef de file, après avoir apprécié la demande totale pour l'émission, détermine avec l'emprunteur, les conditions finales en ajustant éventuellement selon les conditions du marché, le montant, le taux de coupon ou le prix d'émission ; c'est le *pricing day.* Cet accord est soumis aux membres du syndicat d'émission qui doivent donner leur réponse dans les vingt-quatre heures.

Si les réponses sont positives, l'accord définitif est signé avec l'emprunteur.

C) *La phase de placement public.* – Le lendemain *(offering day),* le syndicat doit procéder à l'allocation des titres entre les membres du syndicat de placement.

Ensuite, est publié dans la presse financière le *tombstone* qui est un placard publicitaire indiquant par ordre de préséance les banques faisant partie du syndicat d'émission (ensemble des syndicats).

Le placement public a alors lieu. Il dure environ deux semaines et l'emprunteur reçoit le montant de l'émission, moins les frais et les commissions.

Plusieurs types de commissions existent :

- La commission attribuée au syndicat de direction variant entre 0,25 % et 0,50 % du montant du crédit dont la moitié est pour le chef de file. Si l'émission est importante, le chef de file se contente d'un *praecipuum* représentant 20 à 30 % de la commission.
- La commission de garantie variant entre 0,25 % et 0,75 % du montant garanti.
- La commission de placement se situant entre 0,75 % et 1,25 % des montants placés.
- La commission d'agent représentant 0,25 % des coupons annuels et 0,125 % du nominal lors du remboursement.

Pour compléter, signalons que dans les émissions dominées par les banques anglo-saxonnes, il existe un *trustee* qui est soit une banque, soit un cabinet d'avocats internationaux surveillant au nom des obligataires l'application des conditions du contrat durant la vie de l'emprunt.

En 1989, à la suite de la diminution des marges des intermédiaires, les pratiques en matière de syndication et d'émission ont fait l'objet de nombreuses controverses. De nouvelles directives ont été publiées par l'association internationale des opérateurs du marché primaire. Elles recommandent une période de placement plus courte et la suppression des dé-

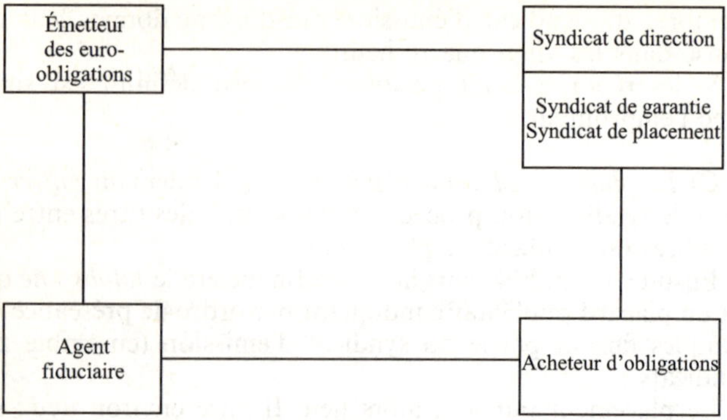

Fig. 12. – Les différents intervenants
dans une émission euro-obligataire

ductions faites par les chefs de file sur les marges des intermédiaires. L'objet initial de cette suppression est de financer les coûts engendrés par la stabilisation des prix sur les marchés primaires.

Depuis quelques années, des émissions ont été effectuées selon un principe utilisé aux États-Unis où tous les membres d'un syndicat réduit vendent les obligations à un même prix fixe sur le marché primaire. Dans ce système de redistribution à prix fixe *(fixed price re-offering),* les commissions sont plus faibles en pourcentage, mais le nombre d'intermédiaires étant plus faible, le montant de la rémunération de chaque intermédiaire est plus élevé. La particularité de ce mode de placement est que tous les participants s'engagent à vendre les titres au même prix et donc à ne pas faire de rabais. Si au début, cette règle a bien été respectée, elle ne l'a pas toujours été par la suite ; ce qui a remis en question l'intérêt de cette technique.

Un des derniers types de placement apparu au début des années 1990 a été celui des émissions mondiales. Dans ce cas, les obligations sont émises non seulement sur l'euro-marché mais aussi sur des marchés nationaux tels que le marché américain. Les avantages sont que cela permet d'envisager des placements de plus grande envergure et aussi une plus grande liquidité des titres. Par ailleurs, ce mode d'émission a permis de contourner la réglementation américaine qui empêche les résidents américains d'acheter des euro-obligations dans les quarante jours qui suivent l'émission. Il suffit pour ceci de faire l'émission simultanément sur le marché américain et l'euro-marché.

L'introduction de ces différentes techniques d'émission sur l'euro-marché l'a rapproché des marchés nationaux mais s'est aussi traduite par un placement plus orienté vers les investisseurs institutionnels. Les particuliers sont alors pratiquement obligés d'acheter les titres sur le marché secondaire dans un tel système.

La figure 13 donne un exemple d'une plaquette d'euro-émissions alors que la figure 14 est relative à une euro-émission mélangeant des euro-actions et des euro-obligations convertibles

6. **Le marché secondaire des euro-obligations.** – Par définition, le marché secondaire des euro-obligations n'est pas localisé géographiquement. Il n'y a donc pas de marché officiel où sont cotés ces titres. Cependant, pour des raisons de publicité, certains sont cotés en bourse, surtout au Luxembourg car les coûts y sont très faibles. L'ordre moyen des transactions hebdomadaires sur le marché des euro-obligations est de l'ordre de 100 milliards de dollars.

Ce marché est donc un marché de gré à gré *(over the counter)* où le personnage clef pour une transaction est le teneur de marché *(market maker)*. Chaque teneur de marché assure la contrepartie sur un ou plusieurs titres, ceci quelles que soient les conditions du marché. Il est donc le passage obligé d'une transaction. Il est rare que le donneur d'ordre qui peut être un particulier, un institutionnel, ou l'émetteur dans le cas d'un rachat au-dessous du pair soit en contact direct avec le *market maker*. Il utilise plus souvent le service d'un intermédiaire *(dealer)* pour des raisons de relations privilégiées ou de localisation géographique. Le *dealer* peut acheter ou vendre des euro-obligations, mais contrairement au *market-maker,* il ne s'engage pas à le faire en permanence.

Le déroulement d'une opération est assez proche de celles existant sur les marchés des changes et des euro-devises. Le te-

All these securities having been sold, this announcement appears as a matter of record only.

New Issue — *19th November, 1996*

Trans-Tokyo Bay Highway Corporation

U.S.$200,000,000

6.875 per cent. Guaranteed Bonds Due 2006

unconditionally and irrevocably guaranteed as to payment of principal and interest by

Japan

Issue Price 99.539 per cent.

Tokyo-Mitsubishi International plc

CS First Boston — **IBJ International plc**

Merrill Lynch International — **Morgan Stanley & Co.**

SBC Warburg

ABN AMRO Hoare Govett — **Bank of Yokohama (Europe) S.A.**

Barclays de Zoete Wedd Limited — **Deutsche Morgan Grenfell**

Goldman Sachs International — **HSBC Markets**

Nippon Credit International Limited — **Nomura International**

Paribas Capital Markets — **Sanwa International plc**

Tokai Bank Europe plc

Fig. 13. – Plaquette d'une émission d'une euro-obligation

(Nous remercions M. Jacques Tillit, responsable du marché primaire à la banque Rothschild et Cie de nous avoir procuré les plaquettes d'information présentées dans cet ouvrage.)

PROSPECTUS SUPPLEMENT TO PROSPECTUS DATED SEPTEMBER 8, 1998

Koninklijke Ahold N.V.

(incorporated in the Netherlands as a public company with limited liability)

(Royal Ahold)

45,000,000 Common Shares
(par value NLG 0.50 per share)
in the form of American Depositary Shares or Common Shares

and

NLG 1,300,000,000 3% Convertible Subordinated Notes due 2003
in the form of American Depositary Notes or Convertible Notes

The Common Shares are being offered hereby outside the United States by the Underwriters in reliance on Regulation S under the Securities Act of 1933, as amended, and are being offered concurrently in the United States by certain of the Underwriters through their respective selling agents. The Common Shares are being offered in the form of Common Shares or American Depositary Shares each representing the right to receive one Common Share of Royal Ahold. The ADSs are evidenced by American Depositary Receipts.

The 3% Convertible Subordinated Notes due 2003 of Royal Ahold are being offered hereby outside the United States by the Underwriters in reliance on Regulation S and are being offered concurrently in the United States by certain of the Underwriters through their respective selling agents. The Convertible Notes are being offered in the form of Convertible Notes or American Depositary Notes each representing NLG 1,000 principal amount of Convertible Notes. The ADNs are evidenced by American Depositary Note Receipts.

The Convertible Notes will be convertible into Common Shares or ADSs at any time prior to September 25, 2003, the third business day prior to the maturity of the Convertible Notes, at a conversion price of NLG 64.42 per Common Share, subject to adjustment in certain circumstances. The Convertible Notes will bear interest at 3% per annum, payable in arrears on September 30 of each year, commencing September 30, 1999. The Convertible Notes may be redeemed by the Company at its option in whole but not in part (i) at any time in the event of certain changes in Dutch taxation and (ii) at any time after September 30, 2001, in each case at the principal amount thereof together with accrued but unpaid interest to the redemption date. Upon the occurrence of a Change of Control (as defined herein), holders will have the right to require the Company to redeem the Convertible Notes on the date fixed for early redemption at the principal amount thereof, together with interest accrued to such date. At maturity, outstanding Convertible Notes will be redeemed at their principal amount, together with accrued but unpaid interest; provided that the Company shall be entitled to elect to deliver Common Shares plus payment of a Compensation Amount (as defined herein) upon the maturity of the Convertible Notes in lieu of redeeming them for cash.

The Common Shares are listed on each of the AEX-Stock Exchange under the symbol "AHLN" and the Swiss Exchange under the symbol "AHO", and the ADSs are listed on the New York Stock Exchange under the symbol "AHO". On September 24, 1998, the last sale price per Common Share on the AEX-Stock Exchange was NLG 53.40, and the last reported sale price per ADS on the New York Stock Exchange was $28. Application has been made to list the Convertible Notes on the AEX-Stock Exchange.

THIS PROSPECTUS SUPPLEMENT IS INTENDED FOR USE ONLY IN CONNECTION WITH OFFERS AND SALES OF THE SECURITIES OFFERED HEREBY OUTSIDE THE UNITED STATES AND IS NOT TO BE SENT OR GIVEN TO ANY PERSON WITHIN THE UNITED STATES. THE SECURITIES OFFERED HEREBY ARE NOT BEING REGISTERED UNDER THE SECURITIES ACT FOR THE PURPOSE OF SALES OUTSIDE THE UNITED STATES.

	Initial Public Offering Price	Underwriting Discount(1)	Proceeds to the Company(2)
Per Common Share	NLG 52.80	NLG 1.48	NLG 51.32
Per ADS	$27.8996	$0.7812	$27.1184
Per Convertible Note(3)	100%	2.5%	97.5%
Total(4)(5)	NLG 3,676,000,000	NLG 99,028,000	NLG 3,576,972,000

(1) Royal Ahold has agreed to indemnify the Underwriters against certain liabilities, including liabilities under the Securities Act. Underwriting discounts and commissions do not include discretionary fees of up to NLG 0.1584 per Common Share offered hereby (the "Special Fees") payable by Royal Ahold to certain of the Underwriters in connection with the Global Offering.
(2) Before deducting estimated expenses of NLG 1,962,750 payable by Royal Ahold.
(3) The initial public offering price per ADN is $528.40.
(4) Assuming that all of the Common Shares sold in the Global Offering are sold in the form of Common Shares and all of the Convertible Notes are sold in the form of Convertible Notes.
(5) Royal Ahold has granted the Underwriters separate options exercisable for 30 days after the date of this Prospectus Supplement to purchase up to an additional 6,750,000 Common Shares (all or a portion of which they may elect to receive in the form of ADSs) and up to an additional NLG 195,000,000 aggregate principal amount of Convertible Notes (all or a portion of which they may elect to receive in the form of ADNs), in each case at the applicable initial public offering price less the underwriting discount, solely to cover overallotments, if any. If such options are exercised in full, the total initial public offering price, underwriting discount and proceeds to the Company from the Global Offering (as defined herein) will be NLG 4,227,400,000, NLG 113,882,200 and NLG 4,113,517,800, respectively. See "Underwriting".

The Common Shares, ADSs, Convertible Notes and ADNs offered hereby are offered severally, but not jointly, by the Underwriters, as specified herein, subject to receipt and acceptance by the Underwriters and subject to their right to reject any order in whole or in part. It is expected that the ADRs evidencing the ADSs and the ADNRs evidencing the ADNs will be delivered through the book-entry facilities of The Depository Trust Company and the Common Shares will be delivered through the book-entry facilities of NECIGEF (as defined in "Description of Share Capital" in the accompanying Prospectus), Morgan Guaranty Trust Company of New York, Brussels office, as operator of the Euroclear System, and Cedel Bank, société anonyme, and, except as otherwise described herein, the Convertible Notes will be delivered through the book-entry facilities of Euroclear and Cedel Bank, on or about September 30, 1998, against payment therefor in immediately available funds.

Joint Global Coordinators

ABN AMRO Rothschild **Goldman Sachs International**

Joint Lead Managers and Joint Bookrunners

Goldman Sachs International **ABN AMRO Rothschild**

The date of this Prospectus Supplement is September 24, 1998.

Fig. 14. – Plaquette d'une émission
combinant des euro-actions et des euro-obligations convertibles

(Nous remercions M. Jacques Tillit, responsable du marché primaire à la banque Rothschild et Cie de nous avoir procuré les plaquettes d'information présentées dans cet ouvrage.)

neur de marché annonce deux prix, un prix acheteur et un prix vendeur. Les prix sont annoncés nets. La différence entre les deux prix représente la rémunération du teneur de marché. Celui-ci ne sait pas si la personne désire acheter ou vendre mais est obligé de répondre à toute demande d'achat et de vente aux prix qu'il a annoncés. L'opération se conclut oralement et est confirmée par télex. Depuis 1989, la confirmation est directement envoyée à l'une des centrales de compensation.

L'exécution (paiement et livraison) d'une opération a lieu sept jours après la transaction. Aucune couverture n'est exigée dans l'intervalle, ce qui permet les prises de position à découvert.

Comme sur les marchés nationaux, la livraison des titres n'est pas effective mais réalisée au travers d'un système de compensation. Il existe deux chambres de compensation :

- Euroclear créée en 1968 par la Morgan Guaranty Trust, indépendante depuis 1972. 121 banques en sont actionnaires et détiennent au maximum chacune 3,5 % du capital. Elle est depuis 1987 une société coopérative de droit belge ;
- Cedel, créée par des institutions financières européennes, composée de 94 actionnaires qui détiennent au maximum 5 % du capital.

Elles compensent les titres négociés sur les marchés internationaux.

Depuis 1970, le marché des euro-obligations est autorégulé par les professionnels de l'AIBD (Association of international bonds dealers). Il faut noter qu'aucune réglementation n'existe sur ce marché et que l'AIBD émet seulement des recommandations.

*
* *

Les émissions d'euro-obligations constituent toujours les financements les plus importants sur le marché international, même si leur poids relatif a diminué avec l'apparition de nouveaux titres. Ce marché permet de se financer à long terme à un coût faible pour des montants importants, difficilement mobilisables sur un marché national. De plus, c'est une source d'approvisionnement en devises. Actuellement, la part des obligations à taux variable a décru et c'est en l'occurrence, le marché des euro-obligations à taux fixe qui domine. Cependant, ce marché est de plus en plus connecté aux marchés nationaux d'obligations par l'intermédiaire de produits tels que les swaps, par l'apparition d'émission simultanée sur l'euromarché et des marchés nationaux, ou encore au marché des euro-crédits par l'intermédiaire d'euro-titres hybrides tels que les facilités d'émission.

Chapitre III

LES MARCHÉS D'ÉMISSIONS INTERNATIONALES DE FACILITÉS ET D'ACTIONS INTERNATIONALES

Dans un premier temps, sont apparues les facilités d'émission garanties (facilités renouvelables à prise ferme ou facilité de soutien de programme d'émission d'effets à court terme). Ce marché se situe entre celui des euro-crédits et celui des euro-obligations. Il rassemble les techniques des euro-crédits, des euro-obligations et du papier commercial américain. Ces titres sont en particulier négociables et constituent une des représentations d'une évolution constatée au début des années 1980 des marchés financiers internationaux, la *mobiliérisation ou la titrisation* (en anglais, *securitisation*) ; c'est-à-dire l'instrumentalisation des crédits afin de les rendre plus facilement négociables. Dans ce type de crédit, les banques interviennent uniquement à titre d'intermédiaire, elles ne font pas de crédit sauf lorsque la clause de garantie joue.

Pour répondre à l'instabilité des conditions financières prévalant sur les marchés financiers, il a fallu créer des titres rassurant à la fois les emprunteurs et les prêteurs. Ce fut l'objet des facilités ; elles permettent en effet aux emprunteurs de disposer à moyen terme d'un certain montant de capitaux, et ceci à partir de titres à court terme. Les conditions financières de ces titres s'adaptent à la conjoncture ; le coût est en général moins onéreux que celui habituellement pratiqué sur le moyen terme car il est fonction des taux à court terme. En dehors de leur coût inférieur à celui des crédits syndiqués, les facilités ont l'avantage sur ces derniers d'être beaucoup plus flexibles. Leur négociabilité représente un atout non négligeable pour les acheteurs. De plus, elles permettent à ces derniers de prêter de l'argent directement à des emprunteurs de bonne qualité plutôt que par l'intermédiaire des banques ; ce qui permet de réaliser des économies substantielles.

Cependant, ce marché évolue de plus en plus vers un marché de facilités d'émission non garanties (euro-marché du papier commercial et euro-notes à moyen terme) ; cette évolution entrant dans le processus de *désintermédiation* des marchés financiers.

Il y a donc deux types de facilités d'émission, les facilités garanties et les facilités non garanties, chacune correspondant à une étape différente de l'évolution des marchés internationaux. Nous les exposons successivement.

Ensuite, nous présentons le marché des euro-actions. Le but des entreprises émettant ces actions est de pouvoir utiliser, pour se financer en fonds propres, le plus grand réservoir de capitaux dans le monde représenté par les marchés financiers internationaux. Seul, le placement de ces actions les différencie des actions habituellement émises sur les marchés nationaux.

I. – Les facilités d'émissions garanties

Ce sont les grandes banques d'affaires *(Investment bank)* qui ont développé ce type de produit. En effet, ces banques étaient exclues du marché des euro-crédits mais avaient par contre une bonne capacité de placement et ont donc saisi l'opportunité de lancer ce nouveau type d'opérations. D'après le tableau I, p. 9, ce marché s'est développé jusqu'en 1988 ; il est actuellement en régression au détriment du marché des facilités non garanties.

Il existe plusieurs sortes de facilités mais cependant elles ont toutes plus ou moins les mêmes caractéristiques. Aussi, nous ne citons que les principales facilités.

1. Les principales facilités.

A) *Les* RUF *(« Revolving underwriting facilities »)*. – Ce sont des facilités à moyen terme lancées par une banque d'affaires permettant au client (l'emprunteur) d'émettre sur l'euro-marché de temps à autre, pendant une période déterminée (généralement cinq à sept ans), des euro-notes (papier à court terme de un à douze mois par exemple) par l'intermédiaire de la banque d'affaires uniquement. De plus, le client a la garantie en cas de difficultés, c'est-à-dire de non-placement des titres lors d'une crise de liquidité ou de remontée des taux, que les titres seront rachetés à un prix fixé à l'avance par les banques commerciales faisant partie du syndicat de garantie. D'une certaine manière, en cas de non-placement des titres, l'emprunteur peut utiliser un euro-crédit *stand-by* à des conditions prédéterminées.

Ces facilités furent initialement créées par Merril Lynch. Le montant minimum d'une euro-note est de 500 000 USD si elle est au porteur et de 1 000 000 USD si elle est nominative.

Avec ce type de facilité, le taux auquel sont placées (ou rachetées) les euro-notes est fixé à l'avance ; par exemple, le LIBOR plus une marge. L'emprunteur est donc assuré du coût de son emprunt. De plus, par ce biais, il obtient un prêt à long terme basé sur des taux à court terme ; ce qui est un avantage car les taux à court terme sont en général inférieurs aux taux à long terme. L'inconvénient est, en revanche, qu'il ne peut pas bénéficier d'une baisse des taux sur le marché.

Du côté des banques, on constate que la fonction de placement est séparée de la fonction de garantie. Le bénéficiaire de l'opération est principalement la banque chargée du placement. En effet, elle touche une commission pour le placement des euro-notes et ne prend aucun risque car en cas de non-placement, elle se retourne vers les banques du syndicat de garantie qui doivent alors racheter les titres non placés. Les banques commerciales assurant la garantie sont relativement mal rémunérées en fonction des risques encourus. En conséquence, afin que les banques commerciales soient mieux rémunérées et que le client profite des baisses de marges, de nouvelles facilités ont été créées.

B) *Les NIF (« Notes issuances facilities »).* – Dans ce cas, il n'y a plus de séparation entre l'activité de placement et l'activité de garantie. Il y a plusieurs banques qui participent au placement des euro-notes et constituent un syndicat appelé le *tender panel.* Ce syndicat de banques (les arrangeurs) doit alors, à la demande du client, faire des offres d'achat du papier que le client souhaite émettre.

Avec ce système, le client est assuré d'avoir des offres alignées sur le marché. Et dans le cas où il ne reçoit pas d'offres intéressantes, il peut utiliser un euro-crédit que les banques du panel lui accordent selon les termes convenus initialement.

Dans certains cas, en dehors des euro-billets et des lignes de garanties, des avances à court terme sont aussi associées à ces facilités. Le client demande alors directement aux banques de lui faire des avances à court terme. Il faut noter que pour le client, utiliser des avances ou des euro-billets donne pratiquement le même résultat. Par contre, pour les banques, il existe une différence non négligeable entre les euro-billets et les avances car en principe, elles font des offres pour les euro-notes avec l'intention de les replacer avec une marge, alors que pour les avances, elles font des offres pour leur propre compte comme investissement à court terme.

Néanmoins, dans ce type de NIF dites à *tender panel,* le nombre de banques faisant partie du syndicat est important, ce qui pose des problèmes de gestion. De plus, on y trouve des banques commerciales sans pouvoir de placement. Tout ceci augmente donc le coût de ces facilités. Aussi, des clients ont-ils invité des banques d'affaires à participer au panel dans l'espoir de voir baisser les coûts.

Se sont créés alors les NIF à *Continous tender panel.* Dans ce cas, il existe une banque responsable de la gestion du panel, appelée le CTP agent. C'est cette banque qui fixe, en fonction de son appréciation du marché, le taux d'intérêt maximum que le client devra payer sur les euro-notes qu'il désire faire placer par le syndicat de placement. Toute offre faite par une banque à ce taux ou en dessous est obligatoirement acceptée et ceci au prorata de l'engagement de la banque.

À partir de ces NIF et des RUF, de nombreuses variantes de facilités ont été réalisées : les PUF *(Purchase underwriting facilities),* les PIF *(Purchase issues facilities),* les BONUS, les ISM, les TRUF..., etc.

Ces expressions recouvrent le même produit, à quelques détails techniques près. Par exemple, les TRUF *(Transferable revolving underwriting facilities)* permettent aux banques faisant

The Bigfoot Group

£115,000,000

equivalent

Committed Revolving Facility

Arranged by

Crédit Suisse First Boston Limited

Underwriting Banks

ABN-AMRO N.V. Banque Indosuez Crédit Lyonnais
Deutsche Bank Fuji International Finance Limited Banque Paribas
Samuel Montague & Co. Limited County Bank Kredietbank
Banque Bruxelles Lambert S.A. Citibank Crédit Suisse
Sumitomo Finance International Westdeutsche Landesbank Girozentrale
Finance International Westdeutsche Landesbank

Tender Panel Members

ABN-AMRO N.V. Indosuez Crédit Lyonnais CIBC Limited
Deutsche Bank Fuji International Finance Limited Banque Paribas
LTCB International Limited J.P. Morgan County Bank Kredietbank
Banque Bruxelles Lambert S.A. Citibank Crédit Suisse Commerzbank
Merrill Lynch Capital Markets Sumitomo Finance International
Salomon Brothers International Westdeutsche Landesbank Girozentrale

Tender Panel and Facility Agent

Crédit Suisse First Boston Limited

Fig. 15. – Un exemple de NIF

(Nous remercions M. Jacques Tillit, responsable du marché primaire à la banque Rothschild et Cie de nous avoir procuré les plaquettes d'information présentées dans cet ouvrage.)

partie du syndicat de garantie de transférer leurs obligations (garanties) à d'autres banques.

C) *Les* MOFF *(« Multi option funding facilities », facilités à composantes multiples ou à options de tirage multiples).* – Ces facilités se distinguent de celles présentées précédemment par le fait qu'elles permettent aux emprunteurs de bénéficier d'un soutien portant sur l'ensemble des instruments de financement qu'ils sont susceptibles d'émettre et non plus uniquement sur les titres à court terme. De plus, ces facilités offrent le choix des devises et des taux.

La première facilité à options de tirages multiples fut proposée par Samule Montagu pour le compte de Colgate-Palmolive en juillet 1985. Elle portait sur un montant de 200 millions de dollars.

2. **La structure du marché des facilités garanties.** – Sur ce marché, les principaux emprunteurs sont des pays de l'OCDE ; ce qui se comprend car le marché est, de par son principe, réservé à des emprunteurs de bonne qualité. Dans les pays hors OCDE, les opérations un peu importantes qui ont été réalisées en 1984 et 1985 sont le fait de pays tels que la Corée du Sud, Hong Kong et la Thaïlande.

Quant aux types d'emprunteurs, on trouvait jusqu'en 1985 principalement des gouvernements (40 %), des entreprises industrielles (40 %) et des institutions financières (20 %). Ensuite, la part des gouvernements s'est réduite au détriment des entreprises industrielles (60 %).

3. **Le coût d'une facilité.** – Les coûts de l'emprunteur se décomposent en deux parties :

A) *Le taux payé sur les titres émis qui est un taux variable comme le LIBOR.* – Pour certains emprunteurs de très bonne qualité, il peut être inférieur au LIBID. Pour d'autres, il sera supérieur au LIBOR. De plus, il peut évoluer dans le temps ; par exemple, pour une facilité sur dix ans, le LIBOR plus 5 points de base[1] pour les cinq premières années et le LIBOR plus 20 points de base pour les trois dernières années.

B) *Des commissions :*

- la commission perçue par la banque qui arrange l'opération, de l'ordre de 5 points de base. Elle peut aller jusqu'à 15 points de base ;

1. Un point de base équivaut à 0,01 %.

– la commission de garantie payée annuellement qui varie de 5 points de base, pour les emprunteurs de premier ordre, à 15 points de base ;
– la commission d'utilisation liée à l'utilisation de la ligne de garantie, payable en fin d'année. Elle peut être de zéro pour une utilisation de la ligne de garantie allant jusqu'à 33 %, de 15 points de base pour une utilisation de 33 % à 66 % et de 30 points de base pour une utilisation de 66 % à 100 %.

En dehors de ces rémunérations, les banques du *tender panel* peuvent réaliser d'autres gains représentés par les différences entre les offres qu'elles ont faites pour les euro-notes et les prix auxquels elles ont pu les vendre sur le marché.

Pour un emprunteur, l'avantage de ce type de produit, en particulier les derniers proposés, les MOFF, était qu'il donnait aux emprunteurs une très grande souplesse dans le choix de leurs financements.

Cependant, les banques estimaient que la rentabilité de ces opérations n'était pas satisfaisante.

A contrario, pour un emprunteur de très bonne qualité, les commissions de garanties et d'utilisations paraissent des sorties d'argent inutiles car il peut estimer à juste titre pouvoir placer sans problème des euro-notes, quelles que soient les conditions du marché. Certains d'entre eux offrant des garanties plus élevées que certaines banques participant à ces opérations, ont estimé qu'ils pouvaient se passer de leurs services.

Cette faible rentabilité pour les banques et l'impression pour un emprunteur de très bonne qualité de payer des frais inutiles se sont traduites par la disparition progressive de ce type de produits et par la création des facilités d'émission non garanties.

II. – Les facilités d'émissions non garanties (euro-papier commercial et émission de notes à moyen terme)

Les premières facilités d'émissions non garanties sont apparues au milieu de l'année 1984 et représentaient 5 % des facilités d'émissions émises au cours du second se-

mestre 1984. Comme leur nom l'indique, ces facilités ne sont pas garanties, et il n'y a donc pas d'euro-crédits associés. Leur progression a été assez rapide ; 15 % des émissions de facilités le premier semestre 1985 et 50 % le deuxième semestre 1985. C'est à cette époque que sont apparues sur ce marché, jusqu'alors réservé aux banques et aux États, des entreprises industrielles. En effet, les difficultés de certaines banques aidant, un transfert brutal s'est opéré en faveur d'entreprises non financières de première qualité – européennes et américaines essentiellement – qui ont réalisées plus de la moitié des facilités ; ce qui a débouché sur l'amorce d'un marché d'euro-papier commercial, c'est-à-dire d'un financement direct, à l'instar de ce qui existe déjà de longue date aux États-Unis. Les intermédiaires sollicités ne s'engagent qu'à placer au mieux les billets émis par les emprunteurs. Ce nouveau marché entre donc dans le processus de désintermédiation engagé depuis quelques temps sur l'euro-marché. Jusqu'alors, en effet, la concurrence dans l'élaboration des montages et le placement des effets était limitée au milieu bancaire. Mais avec l'ère des euro-papiers commerciaux, s'est ajoutée celle des investisseurs non bancaires.

Ce nouveau marché a pratiquement explosé puisqu'en 1995, il représentait pratiquement la totalité des facilités d'émissions, soit 402 milliards de dollars, un montant légèrement inférieur à celui des obligations internationales.

Cette tendance est due à la faible rentabilité pour les banques des facilités d'émission garanties, à l'imposition de normes de fonds propres sur les engagements hors bilan des banques pour les facilités d'émissions garanties, et aussi au coût plus faible des facilités d'émission non garanties. En effet, ces dernières permettent aux emprunteurs d'échapper aux commissions de garantie et d'ouverture de crédit. De plus, elles leur laissent une plus grande latitude en ce qui concerne la détermination du prix, la durée des billets et leur diffusion.

Deux types de facilités non garanties peuvent être distinguées : les émissions d'euro-papier commercial, et les émissions de billets de trésorerie à moyen terme *(euro-medium term note programme)*.

1. **L'euro-papier commercial.** – Une émission d'euro-papier commercial consiste en une émission par une institution de titres au porteur à court terme (de sept à trois cent soixante jours) sans garantie dont le placement peut être fait en partie directement par l'institution et en partie par une ou deux banques, sur l'euro-marché pendant une période de trois à cinq ans à des échéances fixées sur l'euro-marché.

Outre l'exemption de garanties bancaires, nombre de nouvelles facilités ont en effet repris à leur compte les conditions plus souples en matière d'échéance, de tarification, de placement et de règlement qui caractérisent les marchés américains du papier commercial. Ainsi, si les taux afférents à l'euro-papier sont supérieurs à ceux des émissions sur le marché interne américain pour des emprunteurs comparables, cet écart est compensé par des commissions de courtage plus faibles. Certains noms ont ainsi levé des fonds à des taux inférieurs de plus d'un demi pour cent au taux du LIBID.

En fait, les programmes d'émissions d'euro-papier commercial sont très intéressants pour des emprunteurs qui jouissent d'une bonne signature et qui comptent sur le fait qu'ils pourront toujours faire appel au marché pour se financer, même si à un moment ou à un autre les conditions deviennent moins favorables. Ainsi, on constate l'engouement croissant d'entreprises américaines de tout premier plan pour cette formule. C'est le cas par exemple de la General Motors Acceptance, le plus gros émetteur de papier commercial aux États-Unis, qui a mis en place un programme d'un montant non déterminé sur l'euro-marché et dont les billets en circulation représentaient déjà plus de 1 milliard de dollars au début de l'année 1987. Certaines opérations prévoient aussi la possibilité de collecter des capitaux sur l'euro-marché et sur les marchés nationaux de capitaux. Cette tendance récente entraîne un resserrement de l'écart entre les prix pratiqués sur l'euro-papier commercial et le marché du papier commercial aux États-Unis, ainsi qu'une plus grande connexion des marchés de papiers commerciaux des deux côtés de l'Atlantique.

La figure 16 présente une plaquette d'émission d'euro-papier commercial.

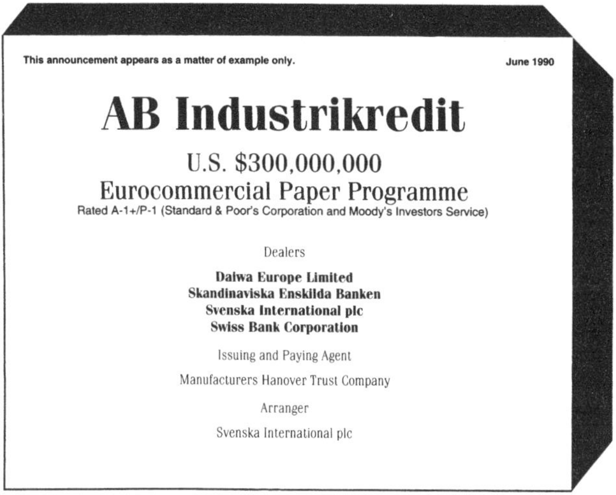
This announcement appears as a matter of example only. June 1990

AB Industrikredit

U.S. $300,000,000

Eurocommercial Paper Programme

Rated A-1+/P-1 (Standard & Poor's Corporation and Moody's Investors Service)

Dealers

Daiwa Europe Limited
Skandinaviska Enskilda Banken
Svenska International plc
Swiss Bank Corporation

Issuing and Paying Agent

Manufacturers Hanover Trust Company

Arranger

Svenska International plc

Fig. 16. – Plaquette d'émission
d'un programme d'euro-papier commercial

(Nous remercions M. Jacques Tillit, responsable du marché primaire à la banque Rothschild et Cie de nous avoir procuré les plaquettes d'information présentées dans cet ouvrage.)

Ce marché n'a jamais atteint une taille comparable par sa taille à celui du papier commercial américain. Ceci s'est traduit par une absence de profondeur du marché de l'euro-papier, tant sur le marché secondaire que primaire, et une souplesse moindre dans les échéances et les règlements que celle de son homologue américain. Malgré cela, en 1999 ou 2000, les montants émis représentaient plus de 10 % des financements internationaux.

Ce comportement est conforme à ceux des autres marchés nationaux de ce type, en dehors des États-Unis. Cette situation s'explique par le fait que les emprunteurs s'endettent moins à court terme et surtout peuvent le faire dans le cadre de programme d'euro-notes à moyen terme.

2. **Les programmes d'émission d'euro-billets de trésorerie à moyen terme** ***(euro-médium term note programme).*** En 1986, sont apparus pour un montant de 3,7 milliards de dollars, des billets de trésorerie non garantis émis en continu, dotés d'échéances plus longues que celles de l'euro-papier commercial.

Cette technique est comme celle de l'euro-papier commercial une extension de ce qui était proposée aux États-Unis depuis 1978.

La figure 17 présente une émission d'euro-notes à moyen terme.

Cette procédure consiste en l'émission de billets de trésorerie en continu et dotés d'échéance allant de neuf mois à dix ans, appelés euro-notes ou euro-effets à moyen terme.

Avant leur apparition, il subsistait un vide entre les échéances à court terme de l'euro-papier commercial et les échéances à moyen et long terme des euro-obligations.

Même les euro-obligations relativement courtes, c'est-à-dire avec des échéances de l'ordre de cinq ans, ne répondaient pas correctement aux problèmes de trésorerie de certaines entreprises. En effet, ces dernières supposaient que le besoin de financement correspondant était fixe pour la totalité de la période alors les euro-notes à moyen terme permettent de s'adapter aux besoins de trésorerie ; ceci dans des délais très courts car une centaine de millions de dollars peuvent être placés en quelques heures. Par ailleurs, les euro-notes permettent de profiter de taux d'intérêt à court terme normalement plus faibles en présence d'une structure des taux normale ; l'inconvénient étant que le taux de refinancement lors du renouvellement éventuel n'est pas connu. Enfin, ces programmes d'émission ne nécessitant pas de publicité ont l'avantage de la discrétion.

En résumé, ces instruments opèrent la jonction des secteurs à court et à long terme des marchés en offrant davantage de souplesse aux emprunteurs en ce qui concerne la structure des échéances, le volume et le calendrier des émissions.

Fondamentalement, il n'y a pas de différence entre une obligation à moyen terme et une note à moyen terme. Un programme d'émissions de notes à moyen terme est la possibilité de faire des émissions d'obligations à moyen terme lorsqu'elle

This announcement appears as a matter of record only.

October 1996

DM 1,000,000,000

HEIDELBERGER ZEMENT

Heidelberger Zement Aktiengesellschaft

(incorporated in the Federal Republic of Germany)

and

Heidelberger Zement Finance B.V.

(incorporated with limited liability in the Netherlands)
guaranteed by Heidelberger Zement Aktiengesellschaft

Euro Medium Term Note Programme

Arrangers

Merrill Lynch International

Deutsche Morgan Grenfell
Deutsche Bank Aktiengesellschaft

Dresdner Kleinwort Benson
Dresdner Bank Aktiengesellschaft

Dealers

CS First Boston

J.P. Morgan Securities Ltd.

Goldman Sachs International

Dresdner Kleinwort Benson
Dresdner Bank Aktiengesellschaft

Merrill Lynch International

Merrill Lynch Capital Markets Bank Limited
Frankfurt Am Main Branch

Deutsche Morgan Grenfell
Deutsche Bank Aktiengesellschaft

SBC Warburg
A DIVISION OF SWISS BANK CORPORATION

Fig. 17. – Plaquette d'émission d'euro-billets de trésorerie à moyen terme

(Nous remercions M. Jacques Tillit, responsable du marché primaire à la banque Rothschild et Cie de nous avoir procuré les plaquettes d'information présentées dans cet ouvrage.)

le souhaite, mais normalement sans syndicat de garantie. Dans le cas d'une émission classique d'obligations à moyen terme, il faut à chaque fois recommencer l'opération de syndication.

Les statistiques à notre disposition ne font plus de différences entre les émissions d'euro-obligations et les euro-notes à moyen terme. Nous pouvons les estimer comme étant égales au tiers de la ligne « obligations internationales et euro-effets nets », soit environ 300 milliards de dollars en 2001, ce qui représente 20 % des financements internationaux. Cette croissance et ce poids important ont permis d'obtenir un marché liquide, ce qui renforce encore plus l'intérêt de ce type de produits par rapport aux autres facilités d'émission.

Cette technique d'émission constitue actuellement la composante la plus dynamique du marché international. Grâce aux importants programmes en cours, de nombreux emprunteurs ont été en mesure de lever très rapidement sous la forme (échéance, montant, fréquence, monnaies de libellé..., etc.) la plus adaptée aux conditions du moment et à des coûts minimes. Cette souplesse d'emprunt trouve sa meilleure illustration dans le succès rencontré par la Suède en 1995 dans le financement de sa dette publique. Alors que, dans un contexte de désengagement des investisseurs institutionnels sur le long terme, la plupart des grands pays étaient confrontés à des ventes massives d'encours de dette publique interne par les non-résidents, la Suède a financé l'essentiel de son déficit budgétaire annuel sur le marché des euro-effets, complétant même par ce biais son programme d'emprunts avant terme, à des conditions, il est vrai, de plus en plus onéreuses.

Ces facilités d'émission caractérisent bien l'évolution des marchés financiers ; en l'occurrence, la titrisation et la désintermédiation. Ils traduisent le désir des émetteurs d'une souplesse de leurs financements, ceci au moindre coût.

Ils mettent bien aussi en évidence le phénomène de décloisonnement des marchés d'émission de la dette. Ce dernier se renforce avec l'adoption de plus en plus fréquente de la pratique de la souscription avec prise ferme à la place du placement au mieux, ce qui efface encore un peu plus les frontières entre les émissions de notes à moyen terme et celles des euro-obligations.

En résumé, la distinction en terme d'échéances entre les différents compartiments des marchés financiers internationaux ainsi que celles effectuées entre les marchés nationaux et internationaux est de plus en plus délicate. Par ailleurs, les différences liées aux taux d'intérêt du financement (court, moyen, long terme, fixe, variable) ou aux devises sous-jacentes sont souvent remises en question avec les produits dérivés (contrats à terme, options et swaps) ; il suffit par exemple de faire un swap de devises et de taux d'intérêt pour modifier la devise et le taux d'intérêt sous-jacents de l'emprunt.

III. – **Les euro-actions**

Au sein des actions internationales, nous pouvons distinguer trois types d'actions :

– Les actions étrangères qui sont des actions émises et cotées sur une place étrangère. Elles ne sont pas nouvelles. Elles sont soumises aux réglementations du pays où l'émission a lieu, ce qui se traduit en règle générale par des procédures fort longues et coûteuses.

– Les actions vendues dans plusieurs pays mais cotées dans leur seul pays d'origine. Le principe de placement est proche de celui des obligations internationales car c'est un syndicat international de banques qui s'en occupe.

– Les actions délocalisées par le biais de titres nominatifs étrangers comme les certificats américains d'actions en dépôt (American Deposit Receipts) ou leurs équivalents européens et internationaux (European Deposit Receipts et Global Deposit Receipts).

– Les actions ordinaires ou privilégiées émises sur l'euromarché et cotées dans certains cas sur une place *off-shore*. Seules ces dernières doivent être appelées « euro-actions ». Si elles sont placées par des syndicats internationaux de banques comme les secondes, elles se différencient néanmoins d'elles par le fait que leur achat est normalement financé par des eurodevises et qu'elles sont souvent cotées sur des places où les formalités sont réduites ; c'est le cas des places telles que Londres, Luxembourg, Singapour. Généralement, Londres est la place financière où s'organisent les placements d'euro-actions.

OFFERING MEMORANDUM Dated May 25, 1999

AEROSPATIALE MATRA

INTERNATIONAL OFFERING OF 34,294,737 SHARES
OFFERING PRICE: EURO 19.60 PER SHARE

This offering is part of a combined offering (the "Combined Offering") by the French State of 72,400,000 ordinary shares, FF 20 nominal value (each, a "Share"), of Aerospatiale Matra, a corporation (*société anonyme*) organized under the laws of France (the "Company" and, together with its consolidated subsidiaries, "Aerospatiale Matra"). The Combined Offering includes (i) an international offering of 34,294,737 Shares to institutional investors (the "International Offering"), (ii) a public retail offering in France of 30,865,263 Shares (the "French Public Offering") and (iii) an offering of 7,240,000 Shares to qualifying current and former employees of Aerospatiale (the "Employee Offering"). Concurrently with the Combined Offering, the French State is offering 1,735,857 Shares to employees of French subsidiaries of Matra Hautes Technologies, bringing the total number of Shares offered, including the Combined Offering, to 74,135,857. The International Offering is being made (i) outside the United States in reliance on Regulation S under the United States Securities Act of 1933, as amended (the "Securities Act") and (ii) in the United States to qualified institutional buyers in reliance on Rule 144A under the Securities Act. The French State has granted the International Underwriters (as defined herein) an option (the "Over-allotment Option") exercisable up to 32 days following the Allocation Date (as defined herein) to purchase up to 3,429,474 additional Shares solely for the purposes of covering over-allotments in the International Offering, if any. See "Underwriting".

The offering price applicable to the International Offering is € 19.60 per Share (FF 128.57 per Share), as announced on May 25, 1999 by the French Minister of Economy, Finance and Industry. The offering price applicable to the French Public Offering is €19.20 per Share (FF 125.94 per Share). The Shares offered in the Employee Offering are offered at a discount from the offering price applicable to the French Public Offering.

Following the Combined Offering and certain other transactions described herein, the French State will directly or indirectly own approximately 48% of the Company's shares and Lagardère S.C.A. ("Lagardère") will hold 33%.

Société Générale has been appointed global coordinator (the "Global Coordinator") of the International Offering and the French Public Offering.

The Shares have been approved for listing on the *Premier Marché* of the *SBF—Bourse de Paris* (the "Paris Stock Exchange" or "Paris *Bourse*"). Listing on the *Premier Marché* of the Paris *Bourse* is expected to take place on June 4, 1999 and it is expected that payment for the Shares will be made on or about June 11, 1999.

See "Investment Considerations" beginning on page 20 for a discussion of certain factors that should be considered in connection with an investment in the Shares offered hereby.

THE SHARES OFFERED HEREBY HAVE NOT BEEN AND WILL NOT BE REGISTERED UNDER THE SECURITIES ACT OR THE SECURITIES LAWS OF ANY STATE OF THE UNITED STATES AND MAY NOT BE OFFERED OR SOLD WITHIN THE UNITED STATES OR TO OR FOR THE BENEFIT OF U.S. PERSONS (AS DEFINED IN REGULATION S UNDER THE SECURITIES ACT) EXCEPT PURSUANT TO AN EXEMPTION FROM, OR IN A TRANSACTION NOT SUBJECT TO, THE REGISTRATION REQUIREMENTS OF THE SECURITIES ACT AND IN ACCORDANCE WITH ALL APPLICABLE SECURITIES LAWS OF THE STATES OF THE UNITED STATES. FOR A DESCRIPTION OF CERTAIN RESTRICTIONS ON RESALE OR TRANSFER, SEE "TRANSFER RESTRICTIONS".

SG Investment Banking
Global Lead Manager

ABN AMRO Rothschild	**Lazard Capital Markets**	**Merrill Lynch International**
Global Joint Lead Manager	*Global Joint Lead Manager*	*Global Joint Lead Manager*

BANQUE NATIONALE DE PARIS	CCF CHARTERHOUSE
CRÉDIT AGRICOLE INDOSUEZ	CRÉDIT LYONNAIS
DEUTSCHE BANK	HSBC INVESTMENT BANKING
PARIBAS	
CDC MARCHÉS	NATEXIS-BANQUES POPULAIRES
BBV INTERACTIVOS, S.V.B.	MEDIOBANCA-BANCA DI CREDITO FINANZIARIO SPA
UNION EUROPÉENNE DE CIC / CAZENOVE & CO	BANQUE CPR
LA COMPAGNIE FINANCIÈRE EDMOND DE ROTHSCHILD BANQUE	UNION DE GARANTIE ET DE PLACEMENT

SG Investment Banking
Global Coordinator

Fig. 18. – Plaquette d'émission d'actions aérospatiale Matra sur le marché international

(Nous remercions M. Jacques Tillit, responsable du marché primaire à la banque Rothschild et Cie de nous avoir procuré les plaquettes d'information présentées dans cet ouvrage.)

La figure 18 présente un placement d'actions ELF déjà existantes sur l'euro-marché alors que la figure 19 décrit une émission de nouvelles actions par Deutsche Telekom sur plusieurs marchés nationaux et l'euro-marché.

Ce type d'émissions est dite planétaire, comme sur le marché obligataire, car elle combine plusieurs tranches : nationale, euro et étrangère.

1. **La taille du marché des euro-actions.** – Bien que l'année 1983 passe fréquemment pour être l'année de naissance des euro-actions, certaines émissions d'actions ayant en partie un caractère d'euro-actions avaient déjà eu lieu auparavant. Citons en 1976 le placement de 5 millions d'actions ordinaires de la société canadienne Alcan Aluminium Ltd aux États-

Tableau X. – **Les émissions d'actions internationales** (en milliards de dollars)

Instruments	*1983*	*1984*	*1985*	*1986*	*1987*	*1988*	*1989*	*1990*	*1991*	*1992*
Actions internationales	1,7	1,9	4,6	14,0	23,4	10,8	17,7	14,7	24,5	25,7
– euro-actions (1)	1,6	1,1	3,8	8,5	15,9	5,6	12,9	10,1	13,1	16,6
– autres placements internationaux d'actions (2)	0,1	0,9	0,7	5,5	7,5	5,2	4,8	4,6	11,4	9,2

Instruments	*1993*	*1994*	*1995*	*1996*	*1997*	*1998*	*1999*	*2000*	*2001*
Actions internationales	44,6	63,1	54,4	81,6	119,2	125,5	215,4	316,7	148,1
– euro-actions (1)	25,9	42,8	30,7	41,7	58,1	78,0	137,1	219,1	94,1
– autres placements internationaux d'actions (2)	18,7	20,3	23,7	39,9	61,1	47,5	78,3	97,6	53,9

(1) Émission de nouvelles actions (placements primaires).
(2) Placement d'actions existantes (placements secondaires).
Nous remercions MM. Thomas Jan et Denis Pêtre de la BRI pour les informations fournies.
Les tableaux sont actualisés chaque année en juillet, voir http://www.international-financial-markets.org

Source : BRI, mai 2002.

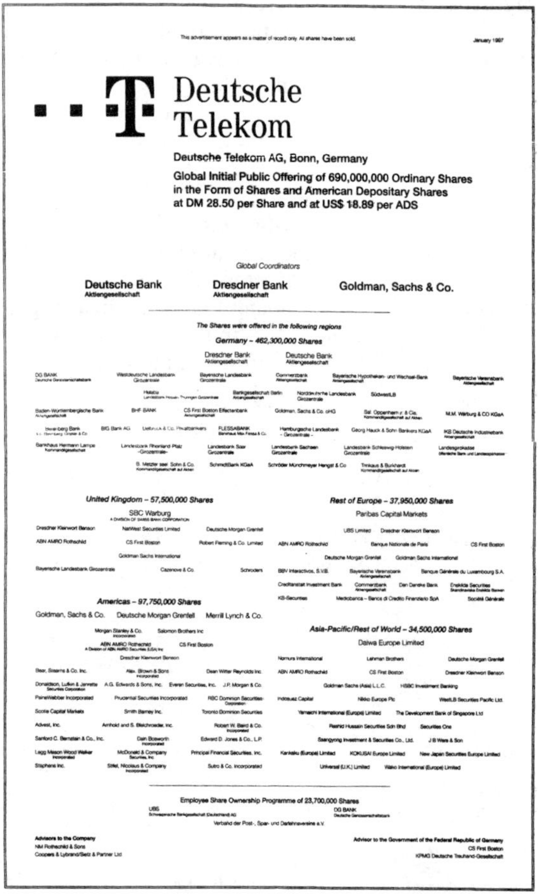

Fig. 19. – Plaquette d'émission d'actions Deutsche Telekom sur plusieurs marchés nationaux et l'euro-marché

(Nous remercions M. Jacques Tillit, responsable du marché primaire à la banque Rothschild et Cie de nous avoir procuré les plaquettes d'information présentées dans cet ouvrage.)

Unis, au Canada et sur l'euro-marché. On constate sur le tableau X que l'augmentation des euro-actions est importante et régulière ces dernières années, ce qui reflète l'intérêt grandissant des entreprises pour un financement par actions au niveau mondial.

2. **L'utilité des émissions d'euro-actions.** – Le premier intérêt d'une émission d'euro-actions est qu'elle permet d'obtenir des fonds beaucoup plus importants que sur les marchés nationaux. Par exemple, la société Nestlé a sollicité l'euro-marché pour un montant dépassant 1 milliard de dollars en 1985. Ensuite, une opération sur le marché international a souvent des fins publicitaires. Ces opérations ont également pour conséquence de disperser les actions et donc de limiter les tentatives de reprise de la société considérée. Enfin, pour une multinationale, une répartition internationale des actionnaires lui permet de refléter ses intérêts commerciaux.

3. **Les titres à prendre en considération.** – Une euro-action a par définition les avantages de l'euro-marché, à savoir anonymat, immunité fiscale, marché secondaire international avec ses teneurs de marché. Ainsi, les euro-obligations convertibles en actions ou assorties d'options sur actions sont des euro-titres mais ne peuvent pas être assimilées à des euro-actions puisque seule l'obligation est un euro-titre, l'action convertie étant cotée dans le pays d'origine (action nationale) et éventuellement sur une ou plusieurs autres places étrangères (action étrangère). À l'instar des euro-obligations, on retrouve des euro-actions qui sont des titres au porteur. Certaines ont pris la forme de certificats de dépôts au porteur, cotés sur une bourse *off-shore,* et qui représentent une ou plusieurs actions cotées dans le pays d'origine (les Global Deposit Receipts).

4. **Les particularités des marchés primaire et secondaire d'euro-actions.** – La première particularité du placement des euro-actions est qu'il est effectué par un syndicat international de banques. Le placement a exactement la même forme que celui d'une euro-obligation.

L'autre particularité du placement des euro-actions est le décloisonnement intervenu entre les marchés primaire et secondaire car les euro-actions sont offertes au prix du marché et non pas avec une décote plus ou moins importante, comme c'est le cas lorsqu'il y a des droits de souscription. Ceci peut poser des problèmes juridiques car dans certains pays, un droit de souscription prioritaire est réservé aux anciens actionnaires.

Deux méthodes de placement des actions internationales sont utilisées. La première est l'approche dite « flexible » dans laquelle les membres du syndicat peuvent vendre les titres où ils le désirent. Les titres sont vendus dans ce système auprès des gros demandeurs, plus précisément les institutionnels à Londres. La deuxième est celle dite *ring fence* où le chef de file organise des syndicats pour chaque région du monde ou marché dans lequel il désire placer des actions. Les membres du syndicat ne peuvent pas placer les titres en dehors de la région qui leur est allouée.

Le prix du marché correspond généralement au dernier cours de la bourse avant le début du délai de souscription ou est très proche de celui-ci. Il va de soi que les placements au prix du marché ne peuvent se faire qu'en cas de placements secondaires, c'est-à-dire si les mêmes titres que ceux à placer sont déjà officiellement cotés. Il faut alors estimer correctement le climat boursier et fixer la période de souscription en conséquence. Cette période est assez courte, généralement de l'ordre de deux à trois jours.

En cas de premier placement à l'étranger, c'est-à-dire lors de l'émission de titres nouveaux venant d'être créés, le cours est généralement fixé sur la base d'une soumission.

D'un point de vue technique, il semble que pour réussir une émission d'euro-actions, il faut réaliser des émissions de montant assez important de façon à ce que le marché secondaire du titre au niveau international soit liquide. Dans le cas contraire, les acheteurs se font rares ou encore les actions reviennent dans le pays de l'entreprise émettrice.

Quant au règlement des transactions des actions internationales, il prend place soit dans le pays de l'émetteur, soit par l'intermédiaire des dépositaires nationaux d'actions étrangères où les règlements s'effectuent selon les méthodes nationales, soit par celui des dépositaires internationaux tels qu'Euroclear et Cedel qui sont eux-mêmes liés à des systèmes nationaux. Les importantes différences qui existent entre les procédures de règlement des principales bourses tels que les coûts et les délais de règlement représentent des barrières à l'expansion des négociations d'actions entre plusieurs pays. L'échec de certaines transactions est dû aux mécanismes de négociation qui peuvent engendrer des délais, des erreurs et des conflits sur les termes de la transaction. Ces dernières années, des efforts de réduction des délais et des erreurs associés au système de règlement international ont permis d'améliorer l'efficacité du système de règlement, et donc de développer ce marché.

Londres est le plus important centre pour les transactions d'euro-actions. Les transactions y sont souvent moins chères qu'ailleurs et ont lieu toute la journée. Par ailleurs, le fait que Londres soit une grande place pour les transactions sur euro-obligations bénéficie aux euro-actions car les *market makers* d'euro-obligations sont ceux qui peuvent le plus facilement assumer cette fonction pour les euro-actions.

5. **Perspectives de développement.** – Certaines personnes s'attendent à un développement important du marché des euro-actions et même pour certains à un remplacement petit à petit du marché des euro-obligations. Ce dernier point semble toutefois illusoire. En effet, sur le marché des euro-obligations, 50 % des capitaux sont levés par des organisations internationales de développement, des États et des entités publiques. Ceci revient à dire qu'approximativement 50 % des émissions des euro-obligations ont été faites par des entreprises privées qui seules peuvent émettre des euro-actions. Le montant potentiel est malgré tout assez élevé car on obtient 400 milliards de dollars si on se base sur les 800 milliards de dollars d'émissions d'euro-obligations en 2001[1]. Cependant, il ne faut pas oublier que les entreprises dans certains pays préfèrent se financer par emprunt plutôt que par émission d'actions. De plus, pour les souscripteurs, un achat d'euro-actions est beaucoup plus risqué qu'un achat d'euro-obligations. Un placement d'actions sur le marché international suppose que l'entre-

1. En 2001, les obligations et euro-effets nets représentaient 1 100 milliards de dollars dont 300 milliards pouvant être affectés aux euro-effets.

prise soit d'une taille conséquente et qu'elle soit connue dans le monde entier ; ce qui limite les entreprises pouvant se financer sur ce marché.

L'essor de ce nouveau marché dépend aussi du climat boursier. Par exemple, en 1995 et 1996, la hausse des marchés boursiers a été un élément favorable à son développement.

Même si les turbulences sur les marchés boursiers en octobre 1997 ont eu un effet négatif sur les émissions d'actions internationales, les sommets atteints par les indices boursiers des pays industriels se sont traduits par des augmentations fortes les années suivantes. Ces dernières années, malgré le ralentissement des marchés d'actions, ce marché a bien résisté.

Chapitre IV

LES MARCHÉS DÉRIVÉS

Les importantes fluctuations des taux d'intérêt, des taux d'inflation et des taux de change ont entraîné une aggravation des risques sur les marchés financiers, et favorisé le développement d'instruments de *couverture* et de *transfert* de ces risques. Ces instruments, appelés *produits dérivés*, sont les contrats à terme *(futures et forwards)*, les options, les accords de taux à terme *(forward rate agreement)* et les contrats d'échange *(swaps)*. Notons que si les contrats d'échange permettent de couvrir certains risques, certains d'entre eux permettent par définition aux entreprises d'échanger des dettes et de réduire ainsi leurs coûts de financement.

Ces produits ne sont pas à proprement parler des euro-titres mais ils sont, par leur fonction, les compléments indispensables des actifs émis sur les euro-marchés et surtout un facteur d'intégration des différents marchés financiers. Ils tendent en conséquence à faire disparaître la frontière qui existe encore entre les marchés nationaux et internationaux.

Les produits dérivés sont apparus sur les marchés de gré à gré, mais leur expansion remarquable sur les marchés organisés constitue certainement un des faits les plus marquants sur les marchés de capitaux au cours des années 1980.

On mesure la taille d'un marché par la *position ouverte* ou *en-cours (amounts outstanding)* qui mesure le nombre de contrats achetés ou vendus. Afin de faciliter la comparaison avec les marchés au comptant, la Banque des règlements internationaux (BRI) calcule la position ouverte en *montant notionnel*, c'est-à-dire qu'elle se base sur le montant des produits qui servent de support aux contrats.

Le tableau XI donne l'encours notionnel des principaux produits dérivés négociés internationalement de gré à gré.

Tableau XI. – **Encours notionnel des principaux produits dérivés négociés de gré à gré**
(en milliards de dollars)

	Décembre 1998	*Décembre 1999*	*Décembre 2000*	*Décembre 2001*
Produits dérivés de change	*18 011*	*14 344*	*15 666*	*16 748*
Contrats à terme et swaps cambistes	12 063	9 593	10 134	10 336
Swaps de devises	2 253	2 444	3 194	3 942
Options	3 695	2 307	2 338	2 470
Produits dérivés de taux d'intérêt	*50 015*	*60 091*	*64 668*	*77 513*
Forward rate agreements	5 756	6 775	6 423	7 737
Swaps de taux d'intérêt	36 262	43 936	48 768	58 897
Options	7 997	9 380	9 476	10 879
Dérivés actions	*1 488*	*1 809*	*1 891*	*1 881*
Forwards et swaps	146	283	335	320
Options	1 342	1 527	1 555	1 561
Dérivés de matières premières	*415*	*548*	*662*	*598*
Or	182	243	218	231
Autres matières premières	233	305	445	367
Autres contrats	10 389	11 408	12 313	14 375
Total	**80 318**	**88 202**	**95 199**	**111 115**

Source : Banque des règlements internationaux, enquête semestrielle.

Le tableau XII donne l'encours notionnel des principaux produits dérivés négociés sur les marchés organisés.

Dans ce chapitre, nous présentons successivement les contrats d'échange, les contrats à terme, les *forward rate agreement* (FRA), et les options.

I. – Les contrats d'échange (« swaps »)

Les contrats d'échange sont initialement des échanges de dettes. Ces outils complémentaires de différents financements permettent soit de réduire les coûts de financement, soit de se protéger contre le risque de change ou de taux d'intérêt. Comme l'affirme Hubert de La Bruslerie (1985), les swaps constituent une technique qui démultiplie l'accès aux marchés

Tableau XII. – **Encours notionnel des principaux produits dérivés négociés sur les marchés organisés**
(en milliards de dollars)

	Décembre 1998	*Décembre 1999*	*Décembre 2000*	*Décembre 2001*
Contrats à terme (futures)	8 343,7	8 294	8 338,5	9 497
Répartition par produit :				
Taux d'intérêt	8 020	7 913,9	7 892,1	9 136,8
Devises	31,7	36,7	74,4	65,6
Indices d'Actions	292	343,4	371,9	294,6
Répartition par région :				
Amérique du Nord	3 527,2	3 553,2	4 283	5 797,6
Europe	2 894,8	2 379	2 318,5	2 439,4
Asie Pacifique	1 665,7	2 149,8	1 482,1	1 179,2
Autres marchés	256	211,9	250,9	80,7
Options	5 580,4	5 258,6	5 876,3	14 042,7
Répartition par produit :				
Taux d'intérêt	4 623,5	3 755,5	4 734,2	12 477,1
Devises	49,2	22,4	21,4	22,7
Indices d'Actions	907,8	1 480,7	1 120,6	1 542,9
Répartition par région :				
Amérique du Nord	3 827,8	3 377,1	3 884,7	10 287,1
Europe	1 503,3	1 603,1	1 855,6	3 692,1
Asie Pacifique	205,4	240,7	100,6	39,5
Autres marchés	44	37,7	35,3	24

Source : Banque des règlements internationaux, enquête semestrielle.

des euro-obligations, et permet une meilleure intégration des marchés financiers internationaux entre types d'instruments différents ou entre devises différentes. Approximativement, un cinquième des euro-émissions en dollars fait l'objet de contrats d'échange de devises ou de taux d'intérêt. Quant aux euro-émissions en monnaies de moindre importance, elles sont pratiquement toutes accompagnées de contrats d'échange.

Plusieurs types de contrats d'échange existent car si le principe est toujours le même, leur utilisation a évolué dans le temps. Aussi, nous présentons d'abord le principe des swaps, ensuite leur évolution dans le temps, avant de conclure sur l'examen des différentes caractéristiques des marchés des swaps.

1. **Définition des contrats d'échange (« swaps »).** – Le contrat d'échange est une transaction financière au terme de laquelle deux parties s'engagent à échanger le service de leurs dettes ou des devises, au cours d'une certaine période, de trois à dix ans en général, selon une règle préétablie.

On distingue plusieurs types de swaps :

– Les swaps de taux sont des échanges portant sur des emprunts : les deux parties conviennent d'échanger l'ensemble des flux financiers liés à leurs dettes respectives, à savoir le principal, les flux d'intérêt et les flux de remboursement. Il s'agit le plus souvent d'échanger les flux financiers d'un emprunt à taux fixe contre ceux d'un emprunt à taux variable.

– Les swaps de devises *(currency swaps)*, qui se traitent sur les marchés financiers internationaux, sont des échanges de flux financiers liés à des dettes libellées dans des devises différentes. Ils peuvent être associés d'une opération d'échange de taux.

– Les swaps cambistes *(foreign exchange swaps)*, qui se traitent sur les marchés des changes, consistent à acheter ou à vendre un certain montant de devises en prenant l'engagement de revendre ou de racheter ce même montant à une date ultérieure. Les swaps cambistes sont généralement à plus court terme que les swaps de devises ou les swaps de taux.

2. **Exemples d'utilisation des swaps.**

A) *Utilisation des swaps cambistes.* – Ces contrats impliquent la vente d'une monnaie contre une autre au taux de change au comptant le jour de la négociation, et l'échange des monnaies en sens inverse à la date d'échéance en se basant sur le taux de change à terme. Dans ce type de swaps, seuls les montants principaux sont échangés le jour de la négociation et à l'échéance ; il n'y a pas de flux intermédiaires en cours de période.

Exemple :

Considérons le gestionnaire français d'un portefeuille international qui attend une rentrée d'argent de 1 000 000 USD dans six mois, à la suite du remboursement d'obligations américaines détenues dans son portefeuille. Sa position est donc la suivante :

$t = 0$	$t = 6$ mois
	+ 1 000 000 USD

Afin de ne pas subir de risque de change, il décide de signer un swap prêteur dollar contre euro. Ce contrat l'oblige à céder 1 000 000 USD dans six mois, et lui permet d'obtenir en revanche 1 000 000 USD aujourd'hui.

Le cours du dollar au comptant est de : USD 1 = 1,1230-1,1238 EUR.

Une banque annonce une cotation sur un swap USD/EUR d'échéance six mois de 100/130.

Cette cotation est exprimée en points swaps, elle signifie que l'on peut acheter le dollar au comptant à 1,1238 et le revendre dans trois mois à : 1,1230 + 0,0100 = 1,1330 (swap prêteur).

Inversement, l'on peut vendre le dollar au comptant à 1,1230 et le racheter dans trois mois à : 1,1238 + 0,0130 = 1,1368 (swap emprunteur).

L'entreprise signe un swap prêteur qui entraîne les flux financiers suivants :

$t = 0$	$t = 6$ mois
+ 1 000 000 USD	– 1 000 000 USD
– 1 123 800 EUR	+ 1 133 000 EUR.

Elle a bien couvert son risque de change. En effet, dans six mois, elle ne recevra en fait qu'un flux net de 1 133 000 €. Quant aux dollars qu'elle reçoit immédiatement, elle peut soit les réinvestir soit les convertir en euros au taux au comptant.

B) *Utilisation des swaps de taux.* – Considérons deux entreprises A et B qui peuvent se financer en dollars sur les euro-marchés. L'entreprise A est peu risquée et jouit en conséquence d'une excellente notation *(rating)* ; elle peut, pour une période de cinq ans, se financer à un taux variable égal au LIBOR ou se financer à un taux fixe de 5 %. L'entreprise B quant à elle est beaucoup plus risquée et elle est donc pénalisée. Elle peut, soit se financer à un taux variable égal au LIBOR + 1/2 %, soit se financer à un taux fixe de 7 %. Comme on peut le constater, l'entreprise A peut se financer à des conditions plus intéressantes, quel que soit le marché considéré. Cependant, si l'entreprise A veut se financer à taux variable et l'entreprise B à taux fixe, elles ont intérêt à procéder à un échange. En effet, l'entreprise B est proportionnellement moins sanctionnée sur les emprunts à taux variable que sur les emprunts à taux fixe. Aussi, dans un premier temps, l'entreprise B va se financer avec un emprunt à taux variable à LIBOR + 1/2 % et l'entreprise A à un taux fixe de 5 %. Elles signeront ensuite un contrat d'échange où elles échangeront leurs flux dans les conditions suivantes : l'entreprise A demandera un taux fixe de 6 % à l'entreprise B qui lui demandera un taux variable de LIBOR.

En définitive, l'entreprise A payera 5 % à ses prêteurs et LIBOR à l'entreprise B mais recevra 6 % de l'entreprise B ; son emprunt lui coûtera donc LIBOR – 1 %. Elle économisera 1 % sur son coût de financement par rapport à un emprunt à taux variable contracté directement sur le marché. Quant à l'entreprise B, elle payera LIBOR + 1/2 % aux prêteurs et 6 % à l'entreprise A mais recevra LIBOR de l'entreprise A ; son emprunt à taux fixe lui coûtera en fait 6,5 %. Elle aura économisé 1/2 %. Les deux entreprises bénéficient de ce contrat d'échange.

La figure 20 résume l'opération.

C) *Utilisation des swaps de devises.* – Les swaps de devises ont un fonctionnement très similaire à celui des swaps de taux, mais les emprunts échangés portent sur des devises différentes. Par exemple, une entreprise américaine ayant un besoin de financement en euros et une entreprise française ayant un besoin de financement en dollars peuvent chacune emprunter sur leur marché domestique et procéder ensuite à un swap. Elles profitent ainsi de la réputation de leur partenaire sur son propre marché. Les swaps de devises peuvent être associés

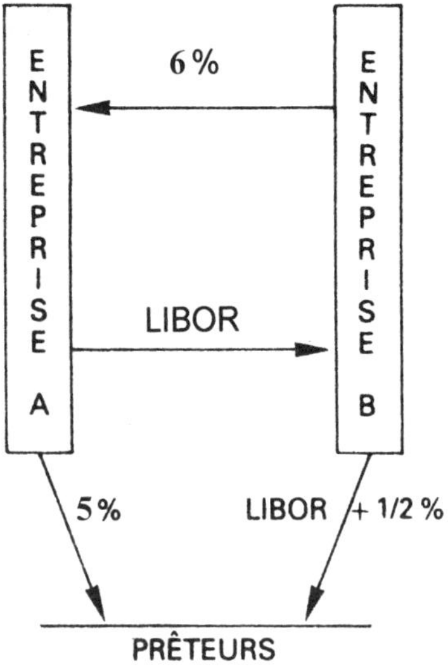

Fig. 20. – Exemple de swap de coupons

à une opération d'échange de taux. Par exemple, deux entreprises peuvent échanger les flux associés à un emprunt en dollars à taux fixe contre ceux d'un emprunt en euros à taux variable.

3. **L'origine des contrats d'échange.** – Les premiers contrats d'échange furent les swaps cambistes qui se sont développés sur le marché des devises à partir des années 1970.

Par la suite, deux autres types de contrats d'échange se sont développés : les swaps de devises et les swaps de taux.

Avant l'apparition de ces contrats, les entreprises pratiquaient les prêts parallèles. Il s'agissait de prêts de même montant et de même échéance que s'accordaient mutuellement deux entités (entreprises ou individus), chaque prêt étant dans la devise du prêteur.

Ce type d'opérations s'était développé au Royaume-Uni

en 1970 car il permettait aux non-résidents d'emprunter des livres malgré le contrôle des changes. On les utilisa par la suite comme moyen de protection contre le risque de change, contre le risque de taux d'intérêt ou pour réduire le coût des dettes en devises étrangères. Cependant, les prêts parallèles présentent deux inconvénients. En premier lieu, ils sont inscrits au bilan de l'entreprise ce qui alourdit considérablement leur utilisation. En second lieu, à chacun des deux prêts correspond un accord séparé. Ainsi, en cas de défaut de l'une des deux parties, l'autre partie se trouve dans l'obligation de rembourser à la fois son emprunt initial et les flux financiers du prêt parallèle. Ce sont ces défauts qui entraînèrent la création des swaps.

Les avantages des contrats d'échange sur les prêts parallèles sont les suivants :

- ils ne sont pas inscrits au bilan mais hors bilan ;
- il y a un seul accord et en conséquence, si une des parties est en défaut, l'autre est automatiquement dégagée de ses obligations. Le risque de crédit est alors limité au coût de remplacement des flux attendus, qui dépend des mouvements des taux de change et des taux d'intérêt. Il faut noter que, sauf en cas de faillite, si une partie est en défaut, c'est en général que le marché a évolué en faveur de l'autre partie, qui gagne toujours de l'argent mais peut-être moins que prévu.

Le premier swap de devises fut signé en 1981 par la banque mondiale qui désirait se financer à des taux faibles dans certaines monnaies européennes, et ceci pour de grandes quantités. Ses sources de financement étant principalement en dollars, elle réalisa des contrats d'échange de devises avec des entreprises européennes qui avaient besoin de dollars. Ces contrats d'échange, qui consistent à échanger une dette libellée dans une monnaie contre une dette libellée dans une autre monnaie (et avec bien sûr un taux d'intérêt différent), s'appellent CRS *(Currency Rate Swap)*. Le principal de la dette fait l'objet d'un échange effectif.

Les contrats d'échange de taux d'intérêt (*Interest rate swap,* IRS) sont apparus en 1982. Dans ce cas, il n'y a pas d'échange du principal, mais seulement des échanges d'intérêts de caractéristiques différentes selon des règles précisées au départ et basées sur un montant fictif appelé le notionnel. Le but de ces contrats d'échange est de profiter des différences d'appréciation du risque sur les différents marchés.

On distingue en fait :

– *Les contrats d'échange de coupons* où les deux parties échangent des intérêts à taux fixe contre des intérêts à taux variable. C'est le cas le plus commun.

– *Les contrats d'échange de taux de référence (basis swaps)* où l'on échange des intérêts à taux variable mais calculés d'une manière différente. Par exemple, l'entreprise A paye à l'entreprise B des intérêts calculés à partir du LIBOR tandis que l'entreprise B verse à l'entreprise A des intérêts calculés à partir du taux du papier commercial américain, le tout basé sur le même montant en dollars.

– *Les contrats d'échange de taux d'intérêts sur devises* (CIRCUS, *Combined Interest Rate and Currency Swaps)*, où l'on échange des intérêts calculés sur un taux variable dans une devise contre des intérêts sur un taux fixe dans une autre devise.

Notons que ces contrats d'échange, en dehors des possibilités d'arbitrage entre des marchés différents, permettent également à certaines entreprises d'accéder à des marchés ou d'emprunter dans des devises auxquelles elles n'auraient pas accès directement.

Il faut noter également que bien que les exemples précédents portent sur des swaps signés entre deux entreprises, ce sont généralement les banques qui se portent contrepartie de ces contrats.

4. Les caractéristiques du marché des contrats d'échange.

A) *Les intervenants et leurs buts.* – On distingue deux types d'intervenants : les utilisateurs et les intermédiaires.

a) Les utilisateurs finaux. Ce sont des banques, des entreprises, des compagnies d'assurance, des caisses de retraite, des gouvernements, des organismes officiels d'État ou internationaux.

Plusieurs raisons expliquent leur utilisation des contrats d'échange.

– La première est d'obtenir des financements à moindre coût, en profitant des différences d'appréciation des risques sur les différents marchés.

– La seconde est que les contrats d'échange de taux d'intérêt ou de devises permettent à des entreprises d'accéder à des marchés qui leur sont fermés pour des raisons légales ou autres.

– La troisième est de se protéger contre le risque de change ou contre le risque de taux d'intérêt.

– La quatrième, proche de la première, mais avec un objectif différent, est de profiter des opportunités d'arbitrage entre les différents marchés financiers. Une entreprise peut ainsi se financer à moindre coût sur son marché et prêter ensuite l'argent obtenu sur un autre marché.

– La dernière est la spéculation. En effet, les prix des contrats d'échange peuvent varier en cours de période et si on les revend sur le marché secondaire, des bénéfices substantiels sont possibles. En contrepartie, des risques importants, que nous présentons ultérieurement, sont associés à ces opérations.

b) Les intermédiaires. Ils sont principalement constitués de banques d'affaires et de trésorerie américaines, et de courtiers japonais ; les banques européennes et canadiennes sont beaucoup moins actives.

Les intermédiaires ont plusieurs raisons de participer aux contrats d'échange :

– La première est d'acquérir une nouvelle clientèle et dans certains cas de conserver l'ancienne.

– La deuxième est de profiter d'opportunités d'arbitrage.

– La troisième est que les contrats d'échange sont de plus en plus assortis aux nouvelles euro-émissions. En conséquence, les banques sont obligées de participer aux marchés des contrats d'échange si elles veulent continuer à participer aux euro-émissions.

– La quatrième explique la participation des banques commerciales aux contrats d'échange. En effet, celles-ci considèrent les contrats d'échange comme une extension de leur activité traditionnelle ; c'est-à-dire que pour elles, les contrats d'échange servent à couvrir les risques de taux de leurs prêts.

– La cinquième est que les contrats d'échange sont des actifs négociables à part entière et en conséquence, les banques d'affaires les intègrent dans leur portefeuille.

– La dernière est que les intermédiaires touchent des commissions sur les contrats d'échange qu'ils ont mis en place.

B) *Le déroulement d'une opération.* – Dans le cas d'un contrat d'échange, ce sont les intermédiaires qui mettent en contact les utilisateurs. C'est parfois l'entreprise qui va informer sa banque qu'elle recherche un financement de tel type ou encore qu'elle désire se protéger contre tel risque. La banque peut alors lui proposer un contrat d'échange. Cependant, en pratique, ce sont plutôt les intermédiaires qui contactent les entreprises et leur font des propositions.

Le contrat d'échange est donc un contrat de gré à gré (OTC, *over the counter*). Les négociations se font normalement par téléphone, les variables les plus importantes étant confirmées par télex. Il n'y a donc pas de lieu officiel où sont négociés et cotés les swaps. Cependant, les contrats sont de plus en plus standardisés.

En règle générale, le jour de l'accord, tous les termes du contrat d'échange sont définis. La date effective du contrat d'échange est la date à partir de laquelle les intérêts fixes et flottants sont décomptés, c'est-à-dire normalement cinq jours après la date de la négociation. C'est à cette date effective qu'intervient le règlement des frais de transaction.

Les termes conventionnels d'un contrat standard sont :

– Pour les paiements à taux fixe, une périodicité de six mois pour le paiement des intérêts, ceux-ci étant calculés sur la base d'une année de douze mois de trente jours.

– Pour les paiements à taux flottants :

- il n'y a pas de marge en plus ou en moins de l'indice ;
- la fréquence des paiements est égale à celle de l'indice ;
- l'année de référence est de trois cent soixante jours, sauf si on utilise les bons du trésor américain, elle est alors de trois cent soixante-cinq jours ;
- la périodicité de calcul des intérêts est égale au terme de l'indice sauf pour les bons du trésor américain où l'indice

est reconsidéré chaque semaine et pour le *prime rate* américain où il l'est tous les jours et ceci sans se préoccuper du terme.

Les intermédiaires fournissent pour les contrats d'échange des cotations sous la forme d'un écart demandé-offert.

C) *Le coût d'un contrat d'échange.* – Pour les contrats d'échange de devises, le coût est reflété par le taux de change à terme implicitement indiqué par les flux de paiement en devises. Le coût est en fait, au départ du contrat, égal à la différence entre le taux de change anticipé et le taux de change à terme implicite. *A posteriori,* le coût est égal à la perte d'opportunité.

Pour les contrats d'échange de taux, il est exprimé dans les taux variable et fixe donnés par le marché. Ainsi, pour un contrat d'échange de coupon, le prix est égal à la marge donnée en plus ou en moins du taux fixe. L'intermédiaire peut par exemple échanger une dette à un taux fixe égal au taux des bons du trésor à sept ans plus une marge de 50 points de base (0,50 %) contre une dette à un taux variable égal au LIBOR. C'est le prix offert, c'est-à-dire le prix auquel l'annonceur du cours accepte d'échanger un emprunt à taux fixe contre un emprunt à taux variable. Réciproquement, le prix demandé est le prix auquel l'intermédiaire accepte d'échanger une dette à taux variable contre une dette à taux fixe.

Le prix d'un contrat d'échange est influencé par plusieurs éléments :

- le coût de protection contre le risque associé au contrat d'échange qui dépend lui-même du prix des différents actifs permettant de couvrir le risque créé par le contrat d'échange pour l'intermédiaire financier ;
- les commissions perçues par les intermédiaires ;
- la compétition qui existe entre les intermédiaires pour avoir des clients ; dans certains cas, les contrats d'échange sont associés aux euro-émissions et afin d'obtenir le droit de diriger les euro-émissions, les intermédiaires baissent fortement leurs prix ;
- l'offre et la demande de certaines formes de dettes.

Par ailleurs, le prix d'un contrat d'échange peut être affecté si l'on introduit des termes inhabituels, de sorte que le contrat porte sur des emprunts pour lesquels le marché est étroit. Par exemple, le montant de l'emprunt est trop élevé ou trop faible, le remboursement n'est pas *in fine,* les maturités sont trop élevées.

D) *Le risque d'un contrat d'échange.* – Deux grands types de risque sont associés aux contrats d'échange : le risque de prix et le risque de crédit.

Le prix des contrats d'échange varie si les taux d'intérêt ou les taux de change se modifient après la date de la négociation ; il en résulte un risque de prix. Ce problème se pose pour les intermédiaires qui veulent à un moment revendre leurs titres. La meilleure méthode pour éliminer ce risque est de faire un contrat d'échange en sens inverse. En fait, les couvertures ne sont pas faites instantanément. Ceci résulte de ce que les intermédiaires traitent les contrats d'échange indépendamment les uns des autres. Ils peuvent négocier un contrat sans qu'ils aient par ailleurs de contrat d'échange de couverture. En conséquence, une période sans couverture peut en résulter. Par ailleurs, si l'on considère un contrat d'échange protégé, il peut toujours subsister un risque lié à la modification de l'écart entre le prix offert et le prix demandé d'un contrat d'échange.

Le risque de crédit est dû aux défaillances possibles d'une contrepartie. Il est surtout important pour l'intermédiaire. Lorsque celui-ci arrange un contrat d'échange entre deux parties, il s'engage dans deux contrats d'échange, un avec chaque partie ainsi que le montre la figure 21. Aussi, en cas de défaut d'une des parties, il est obligé de satisfaire ses obligations avec l'autre partie sans avoir de compensation.

Les intermédiaires intègrent de plus en plus ce risque lors de la négociation des contrats d'échange. Pour ceci, il existe plusieurs possibilités :

- soit augmenter la marge demandée en sus du taux fixe : par exemple, si pour un petit client, la banque incorpore habituellement dans un prêt une marge de 3/8 % en sus de son coût de financement, et si l'exposition au risque du crédit pour le swap accordé à ce client est de 16 %, alors le coût

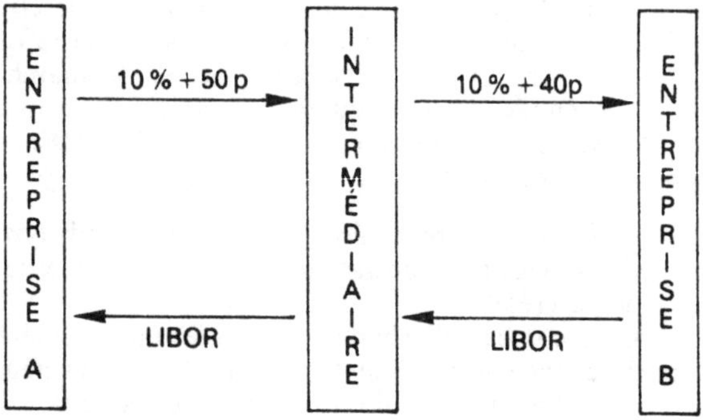

Fig. 21. – Le risque de contrepartie

supplémentaire facturé sera égal à 3/8 % × 16 %, soit 0,06 %, ou 6 points ;

– soit demander des garanties supplémentaires sous la forme de lettres de crédit ou de clauses permettant de faire des appels de marge.

5. **La taille du marché.** – Comme sur beaucoup de marchés de titres, il existe un marché primaire et un marché secondaire.

A) *Le marché primaire.* – Si l'on se réfère à la dernière enquête trisannuelle de la BRI, fin juin 2001, les contrats d'échange de taux représentaient un encours notionnel (le montant du sous-jacent) de 57 232 milliards de dollars, ce qui traduit une augmentation de 74 % par rapport à la précédente enquête de la BRI effectuée en juin 1998[1]. La plupart des émissions ont lieu à Londres et à New York, mais le Japon a une place de plus en plus importante. Notons que les produits déri-

1. Les statistiques trisannuelles sont légèrement supérieures aux statistiques semestrielles dont proviennent les tableaux XI et XII présentés au début de ce chapitre. En effet, l'enquête trisannuelle de la BRI prend en compte un plus grand nombre d'intervenants.

vés de taux d'intérêt étaient traditionnellement surtout libellés en dollars US mais que l'euro a pris une place équivalente à celle du dollar depuis 1999.

Le montant des émissions de swaps de devises est nettement inférieur à celui des swaps de taux, mais sa croissance est rapide, avec un doublement des positions sur les trois dernières années. Les contrats d'échange de devises représentaient un encours notionnel de 4 302 milliards de dollars fin juin 2001. Les principaux centres d'activité sont situés en Europe, au Japon, en Australie et à New York.

B) *Le marché secondaire.* – Avec des swaps standards et de faible montant unitaire, 1 million de dollars, le marché secondaire des swaps s'est fortement développé. Sur ce marché, on retrouve trois types de transactions :

- les ventes de swaps qui consistent à se faire remplacer en tant que contrepartie ;
- les interruptions de swaps, impliquant une négociation avec la contrepartie ;
- les renversements de swaps qui sont des swaps conclus de manière à compenser les swaps existants.

Le marché secondaire représente approximativement 20 % du marché primaire, les ventes et les interruptions volontaires des swaps correspondant à 10 % et 15 % du marché secondaire.

II. – Les contrats à terme sur instruments financiers

1. **Définition.** – Les contrats à terme sur instruments financiers sont des contrats selon lesquels les opérateurs s'engagent à acheter ou à vendre une certaine quantité d'actifs financiers (bons du trésor, obligations, devises, indices boursiers...) à un prix et à une date fixés à l'avance. Les contrats à terme négociés sur les marchés de gré à gré sont appelés *forwards* sur les marchés anglo-saxons. Conclus entre une banque et son client, ils sont parfaitement adaptés aux besoins de ce dernier. Les contrats à terme négociés sur les marchés organisés sont appelés *futures*. Ils sont standardisés et ne répondent donc pas tou-

jours exactement aux besoins des opérateurs en termes de montant et d'échéance, mais présentent l'avantage d'être négociables. La traduction française *contrat à terme* est la même pour les deux types de contrats et ne permet donc pas de les distinguer. Seule l'expression « de gré à gré » permet de préciser qu'il s'agit d'un contrat *forward.*

2. L'origine des contrats à terme. – Des contrats impliquant une livraison différée sont répandus depuis le XIIIe siècle pour les matières premières. Ces contrats impliquent de la part du vendeur un engagement à livrer une certaine quantité de marchandises à une date future, sur la base d'un prix fixé avant la récolte. Ils permettent donc à un producteur de fixer son prix de vente ou, à l'inverse, de déterminer à l'avance son coût d'achat des matières premières. Les premiers contrats *futures,* qui portaient également sur les produits agricoles, sont apparus en 1860 sur le Chicago Board of Trade.

Le marché de référence en matière de contrats à terme de devises est, depuis 1972, l'International Monetary Market (IMM) du Chicago Mercantile Exchange, mais des contrats *forward* étaient négociés de gré à gré depuis déjà longtemps et ils restent largement prédominants pour les contrats sur devises, alors que les marchés à terme de taux d'intérêt se sont mieux développés.

3. **L'utilisation des contrats à terme.** – Un gestionnaire de portefeuille français attendant un flux financier de 1 000 0000 USD dans trois mois peut vendre à terme, à une échéance de trois mois, cette somme contre des euros. De la sorte, il détermine avec certitude la quantité d'euros qu'il recevra dans trois mois.

Le mécanisme de protection contre le risque de change à partir de contrats *futures* est un peu plus complexe.

Prenons le cas du gestionnaire américain d'un portefeuille international dont une partie, 250 000 USD, est investie en France. En décembre, il désire se protéger contre une variation des taux de change, il va vendre des contrats à terme lui permettant d'échanger des euros contre des dollars à l'*International Monetary Market* (IMM) de Chicago.

En décembre, le taux de change au comptant est : 1 USD = 1 EUR.

La valeur du portefeuille est donc : 250 000 USD = 250 000 EUR.

À la même date, sur l'IMM, le taux de change sur les contrats à échéance juin est le suivant : 1 USD = 1,0400 EUR. Le montant standard d'un contrat est 125 000 EUR.

La valeur des contrats en dollars est donc : 125 000/1,04 = 120 192,5 EUD.

Pour couvrir son portefeuille de 250 000 EUR, le gestionnaire doit vendre deux contrats à terme EUR d'un montant de 125 000 EUR.

La valeur de sa position sur les marchés à terme est donc : 2 × 120 192,5 = 240 385 USD.

Quelques semaines plus tard, les conditions sont les suivantes :

– *Marché des changes au comptant :*

  taux de change au comptant : 1 USD = 1,1000 EUR ;
  valeur du portefeuille : 250 000/1,1 = 227 273 USD ;
  perte de valeur du portefeuille : 250 000 – 227 273 = 22 727 USD.

– *Marché des contrats à terme (International Monetary Market) :*

  taux de change sur les contrats à échéance juin : 1 USD = 1,1486 EUR ;
  valeur des contrats à échéance juin en dollars US : 250 000/1,1486 = 217 656 USD ;
  gain réalisé lors du dénouement des contrats à terme : 240 385 – 217 656 = 22 729 USD.

La perte sur le portefeuille investi en France est compensée, à deux dollars près, par le gain réalisé sur la vente des contrats à terme.

L'exemple précédent était très simplifié puisque la couverture était parfaite, à deux dollars près. En réalité, il est probable que la valeur du portefeuille en euros se soit modifiée, à la suite d'une variation des cours des titres détenus en France ou encore au versement de dividendes et de coupons.

Supposons que la valeur du portefeuille en euros monte à 262 500 EUR, ce qui correspond à une rentabilité de 5 %.

La valeur du portefeuille en dollars est alors de 262 500/1,1 = 238 636 USD. Le gestionnaire de portefeuille a perdu 11 364 USD sur son portefeuille.

Comme il gagne par ailleurs 22 727 USD sur son opération sur le marché à terme, son gain final est de : 22 727 – 11 364 = 11 364 USD. Ce gain ne correspond qu'à une rentabilité en dollars de 4,55 %.

On ne retrouve pas la rentabilité initiale du portefeuille de 5 % exprimée en euros. On perd 0,45 %. Le portefeuille est donc mal protégé dans ce cas. Ceci est dû au fait que le montant initial (250 000 EUR) a été protégé, mais pas la variation de ce montant initial en euros. Pour éviter ce risque, les gestionnaires de portefeuille sont amenés à reconsidérer régulièrement leur couverture contre le risque de change.

Par ailleurs, la méthode précédente supposait que :

- le prix du contrat à terme évolue exactement comme le prix de l'actif protégé (pas de risque de base) ;
- l'actif sous-jacent au contrat à terme soit identique à l'actif protégé (pas de risque de corrélation) ;
- le montant à couvrir corresponde à un nombre entier de contrats.

Dans la réalité, ces trois conditions sont rarement réunies. Les opérateurs sont alors amenés à calculer un *ratio de couverture* faisant intervenir la covariance entre le portefeuille à couvrir et les contrats à terme.

4. **Les différents contrats à terme et leur localisation.** Après le développement des contrats à terme de devises sur l'International Monetary Market, le principe de la négociation à terme d'instruments financiers s'est rapidement étendu à d'autres produits. Ainsi, en 1975, le premier contrat à terme d'obligations hypothécaires (GNMA) est apparu au Chicago Board of Trade (CBOT), puis au Chicago Mercantile Exchange (CME). Des contrats à terme de produits tels que les obligations du Trésor *(T. Bonds)*, le papier commercial et les bons du trésor à quatre-vingt-dix jours ont été développés sur

ces deux marchés dans les années qui suivirent. L'engouement pour ces instruments a entraîné l'ouverture d'autres marchés aux États-Unis et dans d'autres pays. Citons, entre autres, le New York Futures Exchange, le Kansas City Board of Trade, les marchés de Toronto, Sydney, Singapour, Hong Kong, Tokyo, Londres (London International Financial Futures, LIFFE), Paris (Marché à terme international de France, MATIF), l'EUREXT regroupant les marchés dérivés de Genève (SOFFEX) et de Francfort (DTB), Barcelone (MEFF) et Rome (MIF). En dehors des produits cités précédemment, on peut trouver sur certains de ces marchés des contrats à terme de dépôts en eurodollars et d'indices boursiers. Il faut signaler que de nombreux autres contrats à terme ont été proposés sans succès. Ces échecs surviennent surtout aux produits qui ne sont pas véritablement spécifiques et qui n'apportent pas de possibilités nouvelles ou d'économies suffisantes aux opérateurs du marché.

Fin 2001, d'après la BRI, la position ouverte globale pour les *futures* de taux d'intérêt représentait un montant notionnel de 9 497 milliards de dollars. Les contrats à terme sur devises et sur indices boursiers représentaient respectivement 65,6 milliards de dollars et 9 136,8 milliards de dollars.

5. **Le fonctionnement des marchés d'instruments financiers à terme.** – Ce sont des marchés organisés où seuls des produits standardisés sont négociés. Ainsi, les montants négociés sont identiques. Par exemple, les tailles des contrats sur l'International Monetary Market sont de : 125 000 euros, 100 000 dollars canadiens, 1 million de pesos mexicains, 25 000 livres sterling, 12,5 millions de yens, et 125 000 francs suisses. Les échéances des contrats sont également définies par les différentes bourses, et sont généralement mars, juin, septembre et décembre.

Suivant les contrats, l'échéance se traduit soit par la livraison de l'actif sous-jacent contre paiement, soit par un flux financier matérialisant le gain ou la perte de chaque opérateur *(cash settlement)*. Les dérivés de marchandises, de devises, de taux d'intérêt à long terme, d'actions se soldent par une livraison à l'échéance. Les dérivés de taux d'intérêt à court terme ou d'indices d'actions se soldent par un *cash settlement*.

Les cotations s'établissent à la criée. Pour les contrats à terme de devises, le cours est égal au nombre de dollars qu'il faut pour acheter une unité de monnaie étrangère.

Les contrats de taux d'intérêt à long terme portent sur un instrument théorique, dit obligation notionnelle. Sur l'Eurex, le contrat le plus échangé, appelé Euro Bund, porte sur une obligation théorique ayant une maturité de dix ans, une valeur nominale de 100 000 €, et un taux d'intérêt nominal de 6 %. Les caractéristiques de l'obligation notionnelle servant de support au contrat Euro Long Terme du MATIF sont similaires mis à part le taux nominal qui est de 3,5 %. Ces contrats sont cotés en pourcentage de la valeur nominale et au pied du coupon. La valeur du contrat varie dans le même sens que celle de l'obligation notionnelle. Le prix de l'obligation notionnelle (et donc le prix du contrat) augmente si les taux d'intérêt sur le marché baissent, et diminue si les taux montent.

Pour les instruments à court terme, la cotation porte sur un indice égal à 100 moins le taux d'intérêt annuel. Par exemple, si le prix des contrats EURIBOR à trois mois négociés sur le MATIF est de 97,00 le 2 décembre, cela signifie qu'à cette date, les taux d'intérêt sur les bons du trésor sont égaux à 3 %. Par la suite, si les taux baissent à 2 %, le prix du *future* est de 98 ; l'acheteur aura fait un bénéfice. L'avantage de ce mode de cotation est que le prix des contrats varie dans le même sens que l'indice, comme c'est le cas pour les marchandises et les devises, alors que les prix des contrats de taux long terme varient en sens inverse des taux d'intérêt.

Depuis 1991, les principaux contrats à terme de taux d'intérêt et d'actions sont cotés vingt-quatre heures sur vingt-quatre heures sur GLOBEX (un système automatisé de cotations à travers le monde dépendant du Chicago Mercantile Exchange). Depuis 1998, le système informatique utilisé par Globex est le Nouveau Système de Cotation développé par la Bourse de Paris, et également utilisé sur le MATIF.

Sur les marchés à terme, une chambre de compensation se porte légalement contrepartie dans toutes les transactions, garantissant ainsi leur bonne fin, même en cas de défaillance de l'autre participant. La chambre de compensation n'a jamais de position, mais se substitue à chaque vendeur ou acheteur, en se protégeant contre les risques de fluctuation par des prises de marge sur chaque contrepartie. En effet, pour être sûr que chaque partie remplira ses obligations, la chambre de compensation exige le versement d'un dépôt de garantie représentant 1 à 10 % du montant du contrat suivant le risque associé à ce contrat. Ce dépôt de garantie est normalement déposé sous une forme liquide et ne rapporte aucun intérêt, quoique les courtiers de certaines places autorisent certains clients à déposer des bons du trésor qui sont rémunérés.

Chaque soir, la chambre de compensation procède à une liquidation fictive afin de dégager les pertes et les bénéfices de chaque opérateur. Avant l'ouverture de la séance suivante, chaque compte est débité ou crédité des pertes ou des gains établis sur le cours de la clôture.

Exemple :

Un opérateur achète le 3 juin, sur l'EUREX, un contrat Euro Bund à échéance décembre.

Le contrat Euro Bund porte sur une obligation notionnelle d'un montant unitaire de 100 000 EUR, et d'un taux d'intérêt nominal de 6 %.

Le 3 juin, le contrat cote 105 % (cotation au pied du coupon). Le dépôt de garantie calculé par la chambre de compensation est égal à 1 600 EUR. Le compte de l'opérateur évolue alors en fonction de la cotation de la façon suivante.

Tableau XIII. – **Évolution du compte**

Date	*Cotation (en %)*	*Écart (en %)*	*Appel de marge* ([1])	*Compte*
3/06	105			+ 1 600
4/06	105,5	+ 0,5	– 500	+ 2 100
5/06	104,5	– 1	+ 1 000	+ 1 000

([1]) Le signe – indique que le compte est crédité. Le signe + indique que le compte est débité.

Le 3 juin, l'opérateur verse un dépôt à son courtier égal à 1,6 % du nominal de l'emprunt notionnel qui est de 100 000 EUR, soit 1 600 EUR. Son compte est crédité de ce montant.

Le 4 juin, le cours est de 105,5 %, il a augmenté de 0,5 %. La valeur du contrat a augmenté de 500 EUR (0,5 % de 100 000 EUR), le compte est crédité de 500 EUR. Il est alors égal à 2 100 EUR.

Le 5 juin, le cours est de 104,5 %. L'opérateur a fait une perte de 1 000 EUR (1 % de 100 000 EUR). Son compte est débité. Il est maintenant égal à 1 100 EUR. Or, le compte ne peut en aucun cas être inférieur au dépôt de garantie initial de 1 600 EUR. Il faut alors faire un apport de 500 EUR, par exemple par virement, avant la prochaine séance. Dans le cas contraire, le compte sera liquidé.

Avec ce type d'opérations, les gains peuvent être très importants si on les compare aux sommes déposées effectivement mais réciproquement, les pertes peuvent être très élevées. Ainsi, entre le 3 et le 4 juin, l'opérateur a fait un gain de 31,25 %, compensé le lendemain par une perte de 47,62 %.

III. – Les *forward rate agreement* (FRA)

Le principe des *forward rate agreement* est proche de celui des contrats à court terme de taux d'intérêt ; la principale différence est que les *forward rate agreement* sont exclusivement négociés de gré à gré.

Il en résulte des avantages et des inconvénients pour les FRA. Ainsi, par rapport aux contrats *futures*, les FRA sont plus simples, plus flexibles, il n'y a pas d'appel de marge et l'instrument peut être parfaitement adapté aux besoins des opérateurs. De plus, ils peuvent être traités dans des monnaies où il n'existe pas de *futures*. En revanche, l'inconvénient est qu'il n'existe pas de marché secondaire. On ne peut donc pas revendre les FRA et le seul moyen pour se dégager d'un FRA est de le compenser par un autre de sens inverse. Par ailleurs, si le risque de crédit est très faible avec les contrats à terme, il dépend des contreparties avec les FRA. Ceci entraîne un prix légèrement plus élevé pour les FRA.

1. **Définition.** – C'est un contrat à terme dans lequel deux parties se mettent d'accord sur le taux d'intérêt à payer sur un dépôt d'une maturité donnée, sur une période donnée dans le futur.

Dans un FRA, il n'y a pas d'échange de principal, le dépôt est dit notionnel (fictif). La garantie de taux se fait alors par le versement d'une somme calculée en fonction de l'évolution des taux d'intérêt. Il existe des contrats relativement proches des FRA mais impliquant un placement ou un emprunt réel : ce sont les *forward-forward.*

Le montant moyen d'un FRA est de 20 millions de dollars mais certains s'élèvent à 50 millions de dollars. Les FRA sont standardisés selon les normes de la British Banker Association.

2. **Exemples.** – Pour mieux comprendre le fonctionnement des FRA, il est plus facile de commencer par un exemple de *forward forward.*

A) *Utilisation d'un* forward/forward *emprunt.* – Une entreprise a besoin d'emprunter 20 millions de dollars dans trois mois pour trois mois. Elle craint une hausse des taux d'intérêt dans les prochains moins et décide de se couvrir avec un *forward-forward.*

Pour calculer le taux à facturer au client, la banque procède comme si elle empruntait sur six mois une somme V_0 en dollars pour la placer sur trois mois sur le marché des dépôts en eurodollars. On suppose que le taux à trois mois, sur le marché des euro-dollars, est de $3^{6/8}$ - $3^{7/8}$. Cela signifie que la banque peut placer le dollar sur trois mois à 3,75 % et emprunter le dollar à 3,875 %.

Elle va choisir le montant à emprunter de manière à ce que :

$$V_0 \ (1 + 3{,}75\ \% \times 90/360) = 20\ 000\ 000 \text{ USD.}$$

De la sorte, elle disposera exactement dans trois mois de la somme à virer sur le compte de son client.

La somme à emprunter est donc : $V_0 = 19\ 814\ 241{,}49$ USD.

Le taux du dollar à six mois, sur le marché des euro-devises, est de $4^{1/8}$ - $4^{2/8}$. Cela signifie que la banque peut placer le dollar sur six mois à 4,125 % et emprunter le dollar à 4,25 %.

Si la banque emprunte 19 814 241,49 USD à 4,25 % sur six mois, elle devra rembourser au bout de six mois :

19 814 241,49 × (1 + 4,25 % × 180/360) = 20 235 294,12 USD.

Elle doit donc demander à l'entreprise de lui rembourser au moins cette somme.

Le taux d'intérêt minimal i à facturer au client est tel que :

$20\,000\,000\ (1 + i \times 90/360) = 20\,235\,294{,}12.$

Par conséquent :

$i = [20\,235\,294{,}12\ /\ 20\,000\,000 - 1] \times 360/90 = 4{,}71\ \%.$

Le client est alors assuré de pouvoir emprunter 20 000 000 USD dans trois mois sur trois mois à 4,71 % (plus la commission de la banque). On remarque que le taux garanti dans trois mois est supérieur au taux d'intérêt que l'entreprise aurait payé si elle avait emprunté tout de suite : les taux à terme intègrent déjà l'anticipation d'une hausse des taux. En fait, l'entreprise ne se couvre que contre une hausse des taux supérieure à la hausse déjà anticipée par le marché.

B) *Exemple d'un FRA.* – Le 1er mars, une entreprise décide d'effectuer dans trois mois un placement de 10 000 000 EUR pour une durée de trois mois. Le trésorier de cette entreprise craint une hausse des taux d'intérêt. Il envisage de se protéger contre ce risque en achetant un FRA à trois mois contre six. Le 1er mars, les taux d'intérêt sur le marché français sont :

$5^{4/8}$ - $5^{5/8}$ à trois mois

$5^{6/8}$ - $5^{7/8}$ à six mois.

Pour calculer le taux du FRA, la banque va procéder comme pour un *forward-forward*. Elle fait donc comme si elle empruntait sur trois mois une somme telle qu'elle ait à rembourser 10 000 000 EUR dans trois mois. Le taux d'emprunt à trois mois est $5^{5/8}$ = 5,625 %.

La somme à emprunter est donc :

10 000 000/(1 + 5,625 % × 90/360) = 9 861 325,116 EUR.

Cette somme doit ensuite être placée sur six mois au taux de $5^{6/8}$ = 5,75 %.

À l'issue des six mois, la somme obtenue est :

9 861 325,116 × (1 + 5,75 % × 180/360) = 10 144 838,21 EUR.

Le taux de placement garanti par le FRA est donc :

i = (10 144 838,21/10 000 000 – 1) × 360/90 = 5,79 %.

Cela signifie que le trésorier s'est garanti un bénéfice de :

I = 10 000 000 × 5,79 % × 90/360 = 144 750 EUR.

En réalité, le FRA se solde le 1er juin par le versement d'une somme calculée en fonction de l'évolution des taux d'intérêt.

Ainsi, le 1er juin, si le taux d'intérêt à trois mois est égal à $6^{5/8}$ - $6^{6/8}$, le trésorier placera ses 10 000 000 EUR sur le marché à 6,625 %.

Par rapport au taux garanti par le FRA, il réalisera un gain de :

10 000 000 × (6,625 % – 5,79 %) × 90/360 = 20 875 EUR.

Actualisé au 1er juin, cette somme est égale à :

S = 20 875/[1 + 6,625 % × 90/360] = 20 534,89 EUR.

Le trésorier devra remettre cette somme à la banque, avant de commencer son placement.

Il ne placera plus que : 10 000 000 – S = 9 979 465,11.

Si bien que son gain net ne sera plus que de :

(10 000 000 – 20 534,89) × (1 + 6,625 % × 90/360)
= 144 750 EUR.

Au contraire, si le 1er juin, le taux d'intérêt à trois mois est égal à $5^{1/8}$ - $5^{2/8}$, le trésorier pourra placer ses 10 000 000 EUR sur trois mois à 5,125 %.

S = [10 000 000 × (5,125 % – 5,79 %) × 90/360]/
[1 + 5,125 % × 90/360].

S = – 16 414,69.

Le résultat étant négatif, le trésorier recevra cette somme de la banque, avant de commencer son placement, si bien qu'il pourra placer : 10 000 000 – S = 10 016 414,69.

Son gain net sera alors de : 10 016 414,69 (1 + 5,125 % × 90/360) = 144 750 EUR.

Tout ceci fait que quel que soit le taux d'intérêt le 1er juin, il aura le même résultat le 1er octobre.

3. **L'objet d'un FRA.** – L'acheteur d'un FRA cherche à se protéger contre une hausse des taux d'intérêt. Il essaye alors d'établir aujourd'hui le taux qu'il servira sur un dépôt qu'on lui fera dans plusieurs mois.

Au contraire, le vendeur cherche, lui, à se prémunir contre une baisse des taux et donc à établir aujourd'hui le taux qu'on lui servira sur un dépôt qu'il fera dans quelques mois.

Les FRA permettent donc de gérer le risque de taux d'intérêt.

Ils servent aussi à des fins d'arbitrage ; par exemple, entre les FRA et les contrats à terme ou les swaps à court terme ou les dépôts à terme.

Les banques de certains pays les utilisent de préférence aux contrats à terme pour des raisons purement comptables et fiscales.

4. **Le risque des FRA.** – On retrouve les mêmes risques que dans le cas des swaps ; plus particulièrement, les coûts associés au remplacement d'un FRA en cas de défaillance d'une contrepartie. La perte correspond alors à la variation des taux d'intérêt entre le moment de la négociation du FRA initial et le moment de son remplacement. Les banques estiment en règle générale que ce risque de crédit est égal à 5 % du notionnel, ce qui correspond approximativement à une variation du taux de référence de 20 points pendant trois mois, ou de 10 points en six mois.

5. **Le marché.** – C'est à 90 % un marché de dollars américains et l'on trouve principalement des FRA pour des périodes de trois à six mois jusqu'à un an. Ce sont donc des titres à court terme.

Fin juin 2001, les FRA négociés sur les marchés de gré à gré représentaient un encours notionnel de 7 678 milliards de dollars. La principale place est Londres où se traitent 40 % des contrats, suivie de New York qui représente 25 % du marché. Il s'agit d'un marché interbancaire et les principales banques qui interviennent sont des banques américaines et anglaises. Cependant, la moitié des opérations sont traitées par l'intermédiaire de courtiers.

IV. – Les options

De même que les contrats d'échange et les *futures,* les options sont un complément indispensable des opérations sur les marchés financiers internationaux. Elles peuvent en particulier servir de couverture contre le risque de change et le risque de taux. De plus, comme les swaps, les options peuvent être associées aux euro-émissions, ce qui est une raison supplémentaire de les présenter dans cet ouvrage.

Il existe d'autres options que celles permettant de couvrir les risques que nous venons de citer. Cependant, comme cet ouvrage est consacré aux marchés financiers internationaux, nous nous limitons aux options qui sont liées au développement de ces marchés.

1. **Définition.** – Une option est un titre qui confère à son porteur, l'acheteur de l'option, le droit et non l'obligation d'acheter (option d'achat, en anglais *call option*) ou de vendre (option de vente, *put option*) une quantité déterminée d'un titre à un prix convenu à l'avance, le prix d'exercice, et à une date convenue d'avance, la date d'échéance.

La définition correspond à une option européenne. Les options américaines quant à elles peuvent être exercées à n'importe quel instant jusqu'à la date d'échéance.

2. **Origine du marché des options.** – Bien que le principe des options existe depuis très longtemps sur les marchés organisés puisque l'on trouvait des options appelées « primes » à la création de la bourse de Paris au début du XIXe siècle, les options sur devises ou sur taux d'intérêt se négociaient principalement sur les marchés de gré à gré jusqu'au début des années 1980.

Les premiers contrats d'options véritablement négociés furent introduits en 1978 sur le marché d'Amsterdam, *The European Options exchange.* C'est à la bourse de Philadelphie (PHLX) en 1982 que furent proposées les premières options sur devises sur un marché organisé. Ces options portaient sur la livre et le Deutsche Mark. À la même époque, on commença à négocier des options sur contrats à terme d'obligations du Trésor sur le Chicago Board of Trade.

3. **Le principe d'une option.** – Prenons l'exemple d'une option sur devises et plus précisément d'une option de vente de dollars contre des euros. Le prix d'exercice est de 1 EUR/USD, l'échéance trois mois et le coût de l'option de 0,02 EUR par USD vendu. Il est payé par l'acheteur de l'option au début du contrat. Pour une opération de 1 million de dollars, le coût de l'option est de 20 000 €. On suppose que l'option est détenue uniquement à des fins spéculatives et qu'en conséquence, pour vendre des dollars, il faudra les acheter auparavant. Que peut-il se passer alors dans trois mois ?

La figure 22 permet de représenter le résultat de cette opération.

– À l'échéance, au terme de trois mois, si le cours du dollar s'établit à plus de 1 €, l'acheteur de l'option de vente abandonne son option. En effet, il ne va pas acheter des dollars à 1,5 € pour ensuite les convertir à 1 €. Il perdra dans ce cas le coût de l'option soit 20 000 €.

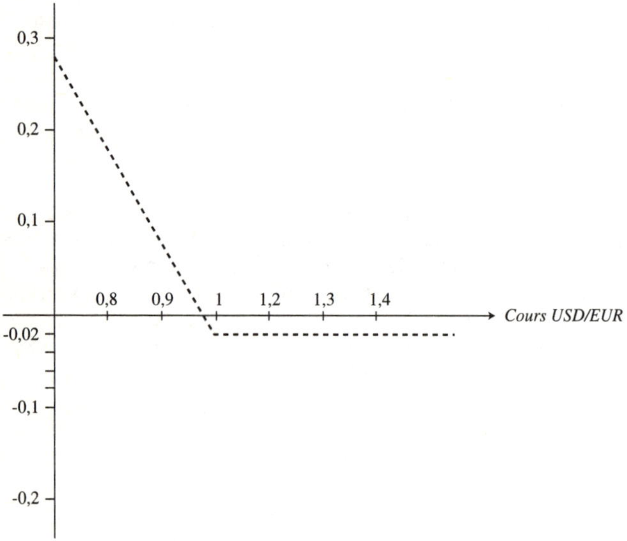

Fig. 22. – Gains et pertes associés à l'achat d'une option de vente

– À l'échéance, si le cours est inférieur à 1 €, par exemple 0,9 €, il exercera son option. Il achètera donc 1 million de dollars au cours du marché, contre 900 000 €, et les convertira en exerçant son option, touchant ainsi 1 million d'euros. Il réalisera donc un gain net de 1 000 000 – 900 000 – 20 000 = 80 000 €.

– À l'échéance, si le cours sur le marché est égal à 1 EUR/USD, on constate qu'exercer l'option ou pas se traduit par un résultat identique, – 20 000 €. En revanche, entre un cours de 0,98 et un cours de 1, on aura intérêt à exercer l'option car la perte sera moindre que dans le cas où l'on n'exerce pas l'option.

La perte maximum de l'acheteur est donc égale au coût de l'option tandis que son gain maximum est illimité. Le risque de l'acheteur est donc limité tandis que celui du vendeur est élevé ; il peut perdre dans l'exemple donné 980 000 € (1 000 000 – 20 000).

4. **Les différents types d'options.** – Les options sont négociées soit sur un marché organisé, soit sur un marché de gré à gré.

Les options négociées sur les marchés organisés ont des caractéristiques standardisées, en termes d'actifs sous-jacents, de montants et de monnaies sur lesquelles portent les options, de prix d'exercice, et de maturités.

En revanche, les options de gré à gré sont adaptées aux besoins de l'acheteur.

On distingue les options sur devises ou sur actifs financiers, des options sur contrats à terme de devises ou d'actifs financiers. Les options sur devises sont négociées essentiellement sur le Philadelphia Stock Exchange et les options sur les contrats à terme de devises sur le Chicago Mercantile Exchange. Par exemple, sur le marché de Philadelphie, exercer une option d'achat sur euro se traduit par l'acquisition d'euros alors que sur le Chicago Mercantile Exchange, exercer une option d'achat sur contrat à terme d'euros se traduit par l'acquisition d'un contrat à terme d'euros. Sur le marché de l'European Options Exchange, se négocient des options sur devises, sur des métaux précieux et sur des obligations du gouvernement des Pays-Bas. Des options sur devises sont également proposées à la bourse de Montréal et à celle de Londres (LIFFE).

Quant aux contrats d'option de gré à gré, il y en a autant que d'accords arrangés. Aussi, nous citons uniquement certains contrats.

– *L'option à prime zéro* est un produit composite qui garantit à son acheteur un taux de change minimum et maximum. Ceci revient à acheter une option d'achat et à vendre simultanément une option de vente. Par exemple, on achète une option d'achat d'euros contre des dollars à un prix de 1 € et on vend une option de vente d'euros contre des dollars à un prix de 1,2 €, la prime et la date d'exercice des options étant les mêmes. Cette opération permet donc d'avoir un taux de change compris entre un taux maximum et un taux minimum, et la prime est nulle. Selon le même principe, on peut faire varier la quantité d'options vendues par rapport à celles achetées et obtenir au-delà du taux maximum un intéressement à la hausse.

– *L'option de swap* est une option qui permet à son acheteur de contracter s'il le souhaite un swap aux conditions prédéterminées. Ainsi, en cas de hausse des taux, un swap qui permet de convertir une dette à taux variable en une dette à taux fixe déterminé initialement offre une couverture intéressante. Moyennant le paiement d'une prime, l'acheteur de l'option de swap se réserve cette opportunité.

– *L'option timing de swap* est un contrat par lequel l'acheteur peut, moyennant une prime, pendant une durée déterminée, choisir l'instant auquel il contractera le swap prédéterminé. Par rapport à l'option précédente, le seul droit de cet acheteur d'option réside dans le choix de la date de départ du swap. Ce dernier doit, de toute façon, contracter le swap.

– Le CAP est une chaîne d'options de taux d'intérêt. Pendant une période déterminée (deux à dix ans), l'acheteur du CAP reçoit la différence observée entre un taux fixe et un taux variable (le LIBOR ou l'EURIBOR) si ce taux variable est supérieur au taux fixe. En cas de baisse des taux, l'acheteur du CAP ne doit rien. Les paiements ont lieu à des échéances régulières à l'intérieur de la période totale, au prorata *temporis* de l'échéance et du montant notionnel du CAP. Le prix de la garantie contre une hausse future des taux est versé au vendeur du CAP.

– Le FLOOR est une chaîne d'options comparable au CAP à la différence qu'il garantit un taux minimum ou plancher à son acheteur. Les paiements *(cash delivery)* s'effectuent en cas de baisse des taux de référence en deçà du taux fixe.

5. **L'évolution du marché des options.** – La raison principale du développement de ce marché, que ce soit pour les devises ou pour les taux d'intérêt, est la demande des clients. En effet, ceux-ci avaient besoin de se protéger contre les hausses des taux d'intérêt et des taux de change. Les exemples typiques sont ceux des entreprises dont le processus de production est assez long ou dont la demande pour leur produit est sensible au niveau des taux d'intérêt, comme les constructeurs d'immeubles.

De même, le développement des options sur devises est dû essentiellement aux fortes fluctuations des taux de change au début des années 1980, qui pouvaient obérer fortement le résultat des investissements à l'étranger.

Par ailleurs, la demande croissante de contrats standards par les clients a eu pour effet de rapprocher les options proposées sur les marchés de gré à gré et celles proposées sur les marchés organisés.

Si l'on examine le marché de gré à gré des options sur devises, on constate que les principales opérations sont traitées à Londres et à New York, le troisième marché important étant la Suisse. Fin juin 2001, les options sur devises négociées sur un marché de gré à gré représentaient un encours notionnel d'environ 2 824 milliards de dollars. Les émissions se font normalement par lots, d'un montant de 5 à 10 millions de dollars à New York et d'un montant de 2 à 3 millions de dollars à Londres.

À la même période, les options sur taux d'intérêt échangées sur les marchés de gré à gré portaient sur un encours notionnel de 10 913 milliards de dollars.

Sur les marchés organisés, en juin 2001, les options sur devises correspondaient à un encours notionnel d'environ 27,3 milliards de dollars, et les options de taux portaient sur un encours de 8 325 milliards de dollars. Nous constatons que les options sur devises sont essentiellement négociées de gré à gré, alors que les options de taux sont négociées aussi bien de gré à gré que sur les marchés organisés.

6. **L'utilisation des options.** – Considérons le cas d'un gestionnaire de portefeuille international qui désire protéger certaines rentrées d'argent attendues contre le risque de change. Deux types de stratégies de gestion du risque de change avec des options peuvent s'envisager : les stratégies statiques et les stratégies dynamiques.

A) *Les stratégies statiques.* – Ces stratégies de gestion non révisées sont mises en place par l'investisseur à un instant donné et ne sont pas modifiées jusqu'à l'horizon final du placement. Pour simplifier, nous supposons ici que l'échéance des contrats d'options disponibles coïncide avec l'horizon de gestion du portefeuille.

Supposons que l'investisseur doive, dans trois mois, rapatrier un million de dollars issu de la vente de titres détenus aux États-Unis ou du remboursement d'obligations américaines. À l'instant où l'investisseur va prendre ses décisions, le taux de change au comptant et le taux de change à terme s'établissent respectivement à 1,05 € par dollar et à 1,1 € par dollar tandis qu'il est possible d'acheter une option de vente d'un dollar à un prix d'exercice de 1,1 €, avec une date d'exercice trois mois plus tard dont le coût est de 0,02 millions d'euros. L'investisseur a trois possibilités :

a) Ne rien faire. Dans ce cas, l'investisseur changera les dollars reçus au taux de change au comptant qui existera dans trois mois. Le résultat en termes d'euros reçus est représenté par le trait plein sur la figure 23.

Le montant reçu en euros dépend uniquement du cours du dollar dans trois mois. En conséquence, le profit réalisé initialement en dollars sur le marché américain peut être totalement annulé et même se traduire par une perte en euros si le cours du dollar a évolué défavorablement.

b) Vendre à terme de devises au cours de 1,1 €. L'investisseur est donc sûr de recevoir 1,1 million d'euros dans trois mois, ceci quel que soit le cours de change du dollar dans trois

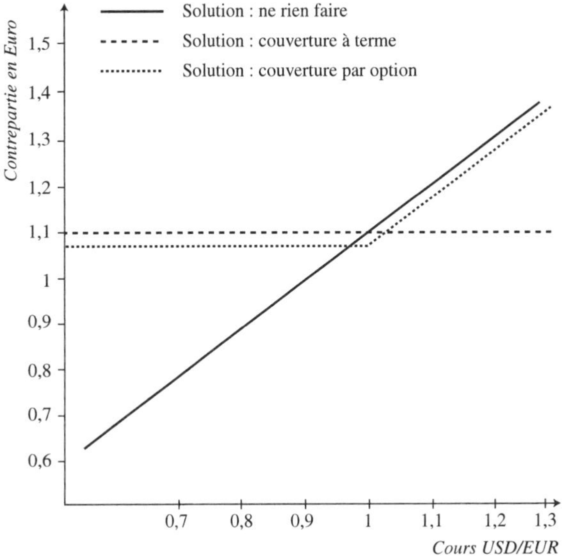

Fig. 23. – Gains et pertes associés aux différentes positions

mois. Cette pratique classique protège l'investisseur contre une baisse du dollar, mais en même temps le prive du bénéfice d'une appréciation du dollar. Cette solution est représentée par les traits espacés sur la figure 23.

c) Acheter une option de vente du dollar contre des euros (Call EUR */ Put* USD*) à un prix d'exercice de 1,1 € trois mois plus tard.* Le coût d'une telle option est de 20 000 € (0,02 million d'euros). La combinaison de l'option d'achat avec la réception du million de dollars est représentée graphiquement par le trait en pointillés sur la figure 23. Cette solution procure à l'investisseur une couverture en cas de baisse du dollar mais elle autorise, en même temps, un gain potentiel proportionnel à la hausse de cette devise. En effet, si le cours s'établit à 1,3, l'option ne sera pas exercée car on ne va pas vendre 1,1 € ce que l'on peut vendre à 1,3 ; le solde de l'opération sera alors égal à 1,3 million d'euros, moins le coût de l'option, 0,02 million d'euros, soit 1,28 million d'euros. En revanche, si le cours s'établit à 0,9, l'option est exercée car il est préférable de vendre des dollars 1,1 € plutôt que 0,9 € ; le solde de l'opération sera alors égal à 1,1 million d'euros moins le coût de l'option, 20 000 €, soit 1,08 million d'euros.

Si on compare les trois solutions, dans le cas d'un taux de change au comptant dans trois mois d'un euro, on a :

- dans la solution *a),* 1 million d'euros ;
- dans la solution *b),* 1,1 million d'euros ;
- dans la solution *c),* 1,08 million d'euros.

En revanche, si le taux de change au comptant dans trois mois est égal à 1,3 €, on a :

- dans la solution *a),* 1,3 million d'euros :
- dans la solution *b),* 1,1 million d'euros ;
- dans la solution *c),* 1,28 million d'euros.

La solution *a)* est la plus risquée car on subit toutes les fluctuations des taux de change. La solution *b)* est sans risque car on touche toujours la même somme d'argent. La solution *c)* est également sans risque. Cependant, par rapport à la situation *b),* la somme d'argent que l'on touche dans le pire des cas est légèrement inférieure mais en contrepartie dans une situation favorable, la somme perçue est beaucoup plus élevée.

On peut selon les cas mettre en place des stratégies plus adaptées pour couvrir le risque de change avec d'autres produits que propose le marché des options ; par exemple, les options à prime zéro.

Néanmoins, les stratégies statiques supportent de graves inconvénients et ont donc des limites :

- l'échéance des options cotées sur les marchés organisés peut ne pas coïncider avec l'horizon de gestion de l'investisseur ;
- l'investissement peut être interrompu avant le terme des options et il faut connaître la valeur liquidative du portefeuille ;
- l'ensemble des couvertures ne peut varier dans le temps car on n'a pas les moyens d'estimer les variations de valeur du portefeuille à tout instant.

Il est en conséquence nécessaire d'introduire des règles de gestion dynamiques et évolutives d'un portefeuille avec des options.

B) *Les stratégies dynamiques.* – Elles consistent, dans le meilleur des cas, à se protéger en totalité contre une variation des taux de change. Par exemple, si l'on détient un portefeuille d'actifs américains, on achètera un nombre d'options de vente de dollars contre des euros tel que la valeur du portefeuille sera toujours la même en euros. Il faut donc que la variation de valeur des options compense exactement la variation de valeur du portefeuille. Ceci suppose que l'on puisse connaître la valeur du portefeuille et des options à chaque instant. Si pour la valeur du portefeuille, il suffit d'avoir les cours des actifs, pour la valeur des options, il faut utiliser la formule d'évaluation des options. Aussi, la présentons-nous. À partir de celle-ci, on peut estimer la sensibilité d'une option et donc le nombre d'options que l'on doit acheter pour se protéger.

a) L'évaluation d'une option sur devises. Depuis les travaux de Black et Scholes (1973), des relations permettant d'évaluer la plupart des options, et plus particulièrement des options sur devises, ont été mises en évidence. Ces formules, du fait de leur utilisation usuelle par les professionnels sont désormais validées dans la pratique. Elles sont obtenues à partir d'un raisonnement d'arbitrage qui consiste tout simplement à dire (et à traduire en formules mathématiques) que si l'on constitue un portefeuille composé d'actions et d'options de telle manière que ce portefeuille soit dénué de risque, ce portefeuille ne devrait rapporter que le taux d'intérêt sans risque pendant sa période de détention.

Black et Scholes en ont alors déduit une formule d'évaluation des options sur actions. Par la suite, Garman et Kohlagen ont étendu cette formule au cas d'une option européenne sur devises.

Le prix d'une option d'achat de devises étrangères $C(T - t, S)$ est alors tel que

$$C(T - t, S) = e^{-rf(T-t)} S\mathcal{N}(x + \sigma\sqrt{T - t}) - e^{-rd(T-t)} E\mathcal{N}(x)$$

où

S : le taux de change au comptant (unités de monnaie nationale par devise étrangère) ;

E : le prix d'exercice de l'option (unités de monnaie nationale par devise étrangère) ;

T – t : temps restant jusqu'à l'échéance ;

r_f : le taux d'intérêt sans risque étranger ;

r_d : le taux d'intérêt sans risque national ;

$\mathcal{N}(x)$: fonction de répartition de la variable x qui suit une loi normale centrée réduite ;

avec

$$x = (\mathrm{Log}(S/E) + (r_d - r_f - (\sigma^2/2)\,(T - t))/\sigma\sqrt{T - t}).$$

Cette formule est valable pour des contrats européens, c'est-à-dire des options non exerçables avant la date d'échéance. Sa facilité à être programmée explique son utilisation, bien que d'autres modèles comme celui de Cox, Ross et Rubinstein permettent de tenir compte des possibilités d'exercice anticipé (cas des options américaines) ou du détachement d'un dividende (cas des options négociables sur actions).

À partir de cette formule, on peut définir les principaux indicateurs nécessaires à une gestion dynamique.

– Le delta, Δ, qui est la mesure de la variation du prix de l'option consécutive à une variation de S. Un delta de 0,5 signifie qu'une variation de 1 % de S sera accompagnée d'une variation de 0,5 % de la prime de l'option d'achat.

– Le gamma, γ, mesure la façon dont le delta se modifie si S varie. En effet, le delta n'est pas constant.

– Le thêta, θ, mesure la variation de valeur en pourcentage d'une option lorsque le temps s'écoule.

– Le véga, ν, mesure la variation de valeur de l'option suite à une variation de σ.

Examinons maintenant l'utilisation de ces paramètres lors de la gestion du risque de change d'un portefeuille avec des devises.

b) Exemple de gestion en sensibilité. Considérons un investisseur français qui possède un portefeuille d'actifs américains d'une valeur de 200 $ qui au taux de change d'aujourd'hui vaut 200 €. Il s'attend à une baisse du dollar de 1 % dans les prochains jours. Il cherche à construire un portefeuille protégé contre une baisse du dollar, tel que sa variation à la baisse soit nulle. Le marché propose des options de vente de dollars aux conditions suivantes :

prix = 1
delta = – 0,5
gamma = 10 %
véga = 10 %.

La couverture consiste à acheter un nombre H d'options de vente telles que les gains à la baisse compensent la baisse de 2 € (1 %) sur le portefeuille.

H.(– delta) = 2 et donc H = 2/0,5 = 4.

En effet, si l'on achète 4 options de vente, la valeur initiale du portefeuille est :

V = 200 + 4 = 204

et la valeur de ce portefeuille devient, après, la variation des taux de change,

V′ = 198 + 4 × 1,5 = 204.

L'information donnée par γ est que la valeur du delta passe de – 0,5 à – 0,55 si le dollar baisse de 1 %. Le nombre d'options nécessaires est alors de 3,6 si l'investisseur désire à nouveau se protéger contre une variation à la baisse du dollar lorsque son cours est égal à 0,99 €. Quant au véga, il indique que si la volatilité baisse de 1 %, le prix des options de vente baisse de 10 %. Ceci induit un risque supplémentaire qui peut réduire l'efficacité de la couverture.

c) La gestion dynamique d'un portefeuille. Le but est que les différents indicateurs (le delta, le gamma, le thêta et le véga) du portefeuille construit correspondent à la protection désirée. Les Δ, γ, θ et ν d'un portefeuille sont égaux à la somme algébrique des mêmes paramètres pour les différentes composantes du portefeuille.

L'ensemble des cas de figures est résumé dans le tableau XIV et répond à la quasi-totalité des objectifs de gestion.

Tableau XIV. – **Les différents types de couverture**

Valeur des principales sensibilités du portefeuille	*Objectifs de gestion*
$\Delta = 0,\ \gamma = 0,\ \nu = 0$	Couverture parfaite (position fermée)
$\Delta = 0,\ \gamma > 0,\ \nu > 0$	Couverture locale Gain si hausse ou baisse importante du titre Gain à la hausse de la volatilité
$\Delta = 0,\ \gamma < 0,\ \nu > 0$	Couverture locale Perte si baisse ou hausse importante de S Gain si baisse de la volatilité
$\Delta > 0,\ \gamma > 0$	Gain (de plus en plus important) si hausse du titre
$\Delta > 0,\ \gamma < 0$	Gain si hausse modérée du titre
$\Delta < 0,\ \gamma > 0$	Gain si baisse du titre
$\Delta < 0,\ \gamma < 0$	Gain si baisse modérée du titre
$\Delta = 0,\ \theta > 0$	Gain si le cours de S ne varie pas et si le temps s'écoule

Ainsi, il suffit de déterminer un objectif de gestion et de construire un portefeuille dont les valeurs des sensibilités vont correspondre exactement aux attentes. Les risques ne sont plus subis mais gérés.

Les principales difficultés de la gestion dynamique sont le fait qu'il n'est possible d'acheter qu'un nombre entier d'options, et que l'existence de frais de transaction empêche les investisseurs d'ajuster leur protection à chaque variation du marché.

CONCLUSION

L'importance des marchés internationaux, après un tassement à la fin des années 1980 lié aux perturbations boursières et au ralentissement de l'économie, redevient croissante ; les financements internationaux ont atteint des chiffres records ces dernières années.

Le dollar conserve la suprématie dans les termes des échanges commerciaux et financiers malgré une forte baisse de sa valeur dans les années 1990. L'accélération des échanges entre les pays (illustré par la figure 24) des exportations des opérations de fusions-acquisitions et des d'investissements directs à l'étranger à l'échelle planétaire montre qu'il existe un besoin fondamental de financement des activités économiques. Le développement incroyable des marchés internationaux a-t-il précédé ou accompagné celui des économies ? Sans que l'on puisse apporter une réponse à cette question, il est clair que la sphère financière n'est pas seulement un lieu d'activités spéculatives, mais correspond à un réel besoin de prêts, d'emprunts et d'échanges de devises.

Concernant la répartition des différentes sources de financement sur les marchés financiers internationaux, que constatons-nous ?

Si les crédits internationaux étaient sur une phase de déclin depuis de nombreuses années, ils ont à nouveau été utilisés pour des montants beaucoup plus conséquents. Ils ont servi en particulier pendant l'année 1995 à financer de nombreuses fusions-acquisitions. En effet, pour ce type d'opérations, il faut une certaine discrétion que ne permet pas le recours aux marchés de titres.

Par ailleurs, ces dix dernières années, le recours massif à une nouvelle source de financement, les facilités d'émission, plus particulièrement non garanties comme le sont les programmes d'émission d'euro-billets (euro-notes) à moyen terme, a été la principale innovation et un des éléments importants de la

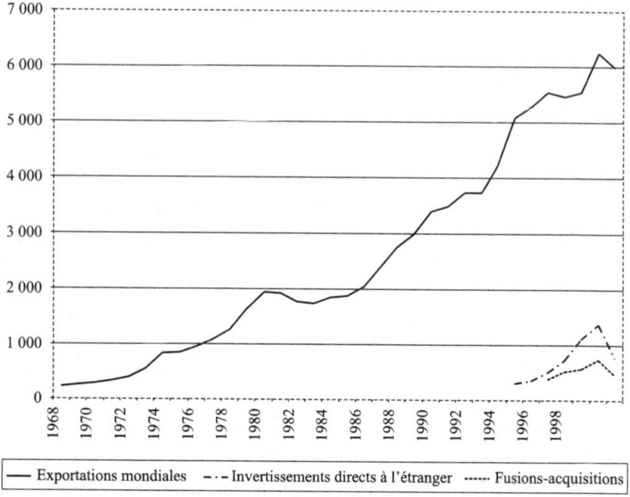

Fig. 24. – Évolutions des exportations, fusions-acquisitions et investissements directs à l'étranger à l'échelle planétaire

croissance des marchés internationaux des capitaux. En 2001, les emprunteurs ont procédé à des remboursements d'emprunts sous forme d'euro-papier commercial et autres instruments sur le marché monétaire, ce qui reflète un transfert vers des emprunts à long terme compte tenu de l'avantage des faux taux à long terme.

Les trois grandes sources de financement sont dans l'ordre les euro-obligations et euro-effets nets (plus de 50 %), les euro-crédits (20 à 25 %) et les actions internationales (10 à 20 %). Parmi les euro-obligations, on constate une prédominance des obligations classiques à taux fixe. Le financement par actions internationales reste toujours marginal mais augmente régulièrement d'une année sur l'autre ; ce qui témoigne de la volonté des grandes entreprises d'internationaliser leur capital.

Le recours aux instruments financiers que sont les contrats à terme, les options et les swaps a augmenté parallèlement à l'évolution des marchés financiers internationaux afin de couvrir les risques de change et de taux d'intérêt toujours aussi conséquents.

Les différents compartiments des marchés financiers internationaux sont de plus en plus décloisonnés ; les facilités d'émission assurant la transition entre les euro-crédits et les euro-obligations. Les emprunteurs ont en fait à la disposition un ensemble de sources de financement qui leur permet de répondre à tous leurs besoins. Certains vides subsistent encore. Souvent, des produits ont été proposés pour les combler mais leur succès n'a pas été à la hauteur des espérances. Cela s'est traduit par des marchés trop petits, donc pas assez liquides et par leur disparition. L'exemple le plus flagrant a été celui des facilités renouvelables (NIF, RUF...) qui sont pratiquement inexistantes maintenant.

Si, initialement, l'euro-marché était le centre de nombreuses innovations financières et techniques tandis que les marchés nationaux très réglementés décourageaient tout dynamisme sur ces marchés, on constate maintenant qu'après une vague de libéralisation et d'innovations, les marchés nationaux offrent de nombreux produits, et que les différences entre ces différents marchés s'amenuisent. Il faut noter que des produits comme l'euro-papier commercial et les euro-notes à moyen terme sont des transpositions pures et simples du papier commercial et des notes à moyen terme proposés sur le marché américain ; la seule différence étant que sur le marché international, les contraintes juridiques sont moins fortes.

Par ailleurs, le phénomène des émissions mondiales ou globales d'actions, d'obligations et de facilités d'émission accentue ce resserrement entre les marchés nationaux et internationaux. En effet, dans ce cadre, le même produit est lancé sur le marché national, les marchés étrangers et l'euro-marché.

L'autre évolution majeure, ces dernières années, est celle de l'activité bancaire internationale. Cette dernière s'est en fait mondialisée. Certaines banques, au lieu d'accepter des dépôts dans un pays pour prêter dans un autre, ont adopté une stratégie consistant à collecter des fonds et à octroyer des crédits à la consommation, au logement et aux entreprises, à l'intérieur de divers marchés nationaux, grâce à une implantation locale.

D'autres ont axé leur développement sur les marchés financiers, cherchant également à financer localement leurs portefeuilles de titres locaux. Qu'ils optent pour un modèle mondial de banque de détail ou d'activités de gros, les établissements de crédit s'efforcent de plus en plus de répondre aux besoins de leur clientèle par le biais d'une présence et d'un financement locaux. L'ambition mondiale (ou multinationale) ainsi définie est différente du concept de banque internationale, reposant sur la réception de dépôts dans un pays pour financer des prêts dans un autre[1].

Ces différents éléments traduisent bien que les distinctions entre les différents marchés sont de plus en plus fictives, ce qui se traduit par un marché financier à l'échelle de la planète.

1. Pour plus d'informations sur cette évolution récente, voir l'article de R. McCauley, J. Ruud et P. Wooldridge, *Rapport trimestriel de la BRI*, mars 2002, Bâle.

BIBLIOGRAPHIE

OUVRAGES

Aftalion F. et Poncet P., *Le Matif*, Paris, PUF, 1986.
Békerman G., *Les euro-dollars*, Paris, PUF, 1981.
Bito C., *La gestion obligataire*, Paris, Dalloz, 1988.
Bourguinat H., *Les vertiges de la finance internationale*, Paris, Economica, 1987.
Bourguinat H., *Finance internationale*, Paris, PUF, 1992.
Dufloux C. et Marguili L., *Les euro-crédits, Pourquoi ? Comment ?*, La revue *Banque*, Paris, 1984.
Feiger G. et Jacquillat B., *Finance internationale*, Paris, Dalloz, 1982.
Fontaine P., *Arbitrage et évaluation internationale des actifs financiers*, Paris, Economica, 1988.
Fontaine P., *Gestion du risque de change*, Paris, Economica, 1996.
Fontaine P., *Gestion financière internationale*, Paris, Dalloz, 1997.
Giddy I., *Global Financial Markets*, Lexington, MA, États-Unis, D. C. Health and Company, 1994.
Jacquillat B. et Solnik B., *Marchés financiers*, Paris, Dunod, 1997.
La Bruslerie H. (De), *Euro-obligations*, Paris, CLET, 1984.
La Bruslerie H. (De), *Gestion obligataire internationale*, Paris, Economica, 1990.
Simon Y. et Mannaï S., *Techniques financières internationales*, Paris, Economica, 2002.
Solnik B., *International investments*, Boston, Addison Wesley, 1995.

REVUES ET PÉRIODIQUES

Banque : articles sur les marchés financiers internationaux de C. Dufloux, M. Karlin, J.-M. Kertudo, L. Margulici et I. Ross.
Bulletins d'informations de Futures Industry Association, du MATIF et du MONEP.
Rapports de la Bank of England.
Euromoney.
Rapports de la BRI.
Statistiques mensuelles de l'OCDE.
Wall Street Journal.
World Financial Markets.

TABLE DES MATIÈRES

Imprimé en France
Imprimerie des Presses Universitaires de France
73, avenue Ronsard, 41100 Vendôme
Janvier 2003 — N° 49 581